三分钟 漫画

掌握亲子沟通

用漫画的形式全面解读亲子沟通技巧

父母 非暴力沟通

马静之 ◎ 著

📱 微信扫码

☑ 家教有声百宝箱
☑ 亲子沟通小技巧
☑ 家教方法跟我学
☑ 家教名师大讲堂

延吉 · 延边大学出版社

图书在版编目（CIP）数据

父母非暴力沟通/马静之著 . -- 延吉：延边大学出版社，
2023.11

（三分钟漫画）

ISBN 978-7-230-05925-1

Ⅰ.①父… Ⅱ.①马… Ⅲ.①儿童教育—家庭教育—
通俗读物 Ⅳ.① G782-49

中国国家版本馆 CIP 数据核字（2023）第 221951 号

三分钟漫画：父母非暴力沟通

著　　者：马静之
责任编辑：刘　楠
封面设计：玥婷设计
出版发行：延边大学出版社
社　　址：吉林省延吉市公园路 977 号　　　邮　　编：133002
网　　址：http://www.ydcbs.com　　　　　E-mail: ydcbs@ydcbs.com
电　　话：0433-2732435　　　　　　　　传　　真：0433-2732434
印　　刷：亿联印刷（天津）有限公司
开　　本：710 毫米 × 1000 毫米 1/16
印　　张：10
字　　数：140 千字
版　　次：2023 年 11 月第 1 版
印　　次：2023 年 12 月第 1 次印刷
书　　号：ISBN 978-7-230-05925-1

定　　价：59.00 元

　　"非暴力沟通"的概念最早由马歇尔·卢森堡博士于 1963 年提出，它的要素包括：观察、感受、需求和请求。"非暴力沟通"倡导用平和的方式，用不带伤害的方式，化解人们在沟通中出现的矛盾和冲突。

　　将"非暴力沟通"运用到家庭教育中，则是倡导父母要用心去倾听孩子的感受、情绪以及需求，而不是父母基于自己的想法和经验对孩子横加评判和指责。父母非暴力沟通最大的特点就是拒绝指责、否定、惩罚等负面管教，而是使用肯定、鼓励、接受等正面管教的方式去沟通。

　　生活中，没有父母真心想要去伤害自己的孩了，但很多父母却每天都在使用暴力沟通的方式伤孩子于无形。中国式父母暴力沟通的模式由来已久，"棍棒底下出孝子"的教育理论，至今仍然被很多人追捧。为什么呢？因为这招总能起到"立竿见影"的效果。

　　然而，教育的目的难道是让孩子听话吗？而且这种"听话"不过是有碍于父母的武力压制，暂时地屈服罢了。积压的负面情绪只会导致孩子越来越叛逆，甚至心理扭曲。父母总用暴力沟通的方式对待孩子，孩子长大以后就会在职场中，在婚姻中，在亲子关系中，因为这种方式继续被伤害或者伤害别人，由此恶性循环，陷入深不见底的痛苦深渊。

可能还有些父母觉得，"非暴力"就是指不对孩子动手或者实施体罚，但其实，如果父母以爱的名义控制孩子，对哭闹的孩子表现得冷漠，对犯错的孩子横加指责、唠叨不休等，也是一种变相的"暴力"，同样会对孩子的身心造成巨大伤害。

暴力沟通与非暴力沟通的区别在于，暴力沟通的父母会把责任全推给孩子，而非暴力沟通的父母则更倾向于了解和接受孩子内心的感受和需求。非暴力沟通是后天习得的，作为父母，要稳定自己的情绪，学会使用非暴力的语言去回应孩子，打造积极的正能量场。

当孩子沉迷于网络时，父母可以先与孩子建立内在的情感联结，了解孩子痴迷于网络的真正原因，再去纠正孩子的成瘾行为。

当孩子情绪不佳时，父母可以先安抚孩子的情绪，理解孩子感受，与孩子共情，再去帮助孩子学会认识和面对自己的不良情绪。

当孩子犯了错时，父母可以用非暴力沟通的方式代替惩罚，帮助孩子更好地认识到自身的错误，从而更愿意接受父母的管教。

当孩子到了青春期，父母更要避免使用容易激起孩子负面情绪的沟通方式。父母要耐心、认真地倾听孩子，给予孩子更多的肯定和鼓励，放大孩子的优点，给孩子多一点儿信任，少一点儿评判。

本书以漫画结合文字的形式，生动还原了生活中随处可见的亲子沟通场景，并通过案例解析的形式，透过现象看本质，详细阐述了亲子沟通不畅现象的背后原因以及心理动机。值得一提的是，本书还在每一节的最后，就孩子某一具体问题，提供了相关沟通建议，旨在帮助父母真正地贯彻"非暴力沟通"的教育理念，实现亲子间的良性沟通。

每个孩子初来到这个世界，父母就是他的全部，父母如果用指责、嘲讽、恐吓等暴力沟通的方式对待他，他就会以为这个世界是暴力的；父母如果用积极、平等的言语和态度对待他，他就会以为这个世界是温和美好的。愿这世上的每个孩子都能被温柔以待。

目录

第一章

当孩子沉迷网络，
先建立情感联结再纠正行为

孩子玩手机，一味指责只会激化矛盾

　　想让孩子远离手机，父母能够与孩子建立良好沟通是关键。父母如果一看到孩子玩手机，就暴跳如雷、横加指责，只会进一步激化矛盾，让事情变得更糟。

场景回放：

　　亮亮和妈妈在火车站等车，亮亮拿着手机不停地打游戏。妈妈一怒之下砸了亮亮的手机，亮亮生气极了，竟然挥起拳头想打妈妈，幸好被及时赶到现场的民警制止。

　　妈妈向民警诉苦，指责亮亮沉迷于手机游戏，不仅眼睛熬坏了，脾气还变得特别暴躁，学也不好好上。民警批评妈妈不应该摔孩子手机，教育孩子不能过于粗暴，科学引导才是关键。

案例解析：

生活中，沉迷于手机的孩子比比皆是。面对手机的诱惑，孩子毫无抵抗之力，经常是吃饭时要玩，上下学要玩，晚上睡觉前还要玩！

孩子如此沉迷玩手机，让父母头疼不已。于是，我们经常能听到父母的责备声：

"你怎么老是玩游戏，怎么就那么不听话！"

"每天都玩手机，成绩一塌糊涂，你太让我失望了！"

父母一味地指责，只会加深孩子的错误认知，让他们打心底里认为自己是一个问题孩子，是一个屡教不改的网瘾少年。尤其正处于心理叛逆期的孩子，如果父母利用自己的身份威胁孩子"不准玩了"或者"再玩就别吃饭了"等等，只会强化孩子的叛逆心理，激化亲子矛盾，并让孩子更加沉迷于手机。

你在玩什么呢？好玩吗？能给我讲一讲吗？

所有亲子问题解决的前提，都是父母情绪稳定。只有父母情绪稳定，他们才能心平气和地与孩子进行有效沟通，最终引导并帮助孩子解决问题。需要注意的是，沟通的目的不是说服孩子，更不是批评孩子，而是理解孩子玩手机的行为，并找到孩子沉迷其中的真正原因。在沟通的过程中，父母首先务必要让孩子感受到"父母是理解我的"，在此基础上，再去引导孩子主动放下手机。

而对于已经沉迷玩手机的孩子来说，父母要做的不是"完全禁止"，而是适当干预，并引导其合理利用手机。

适当允许

父母不妨适当允许孩子玩手机。父母可以和孩子约定每天玩手机的时长，哪些时间段可以玩，玩多久就需要休息一下，什么情况下不能玩手机，以及不能用手机做什么等等。在和孩子达成一致后，父母需要把约定写下来，放到显眼的地方，方便孩子随时查看，并严格遵守。

让孩子有事可做

很多孩子玩手机就是因为无事可做，便用手机来打发时间。这种情况，父母可以为孩子提供丰富的资源，让孩子即使不玩手机也能找到很多事情来做。当孩子的注意力转移到其他事情上去，当孩子感受到其他事情的乐趣，他们对玩手机这件事也就没那么感兴趣了。

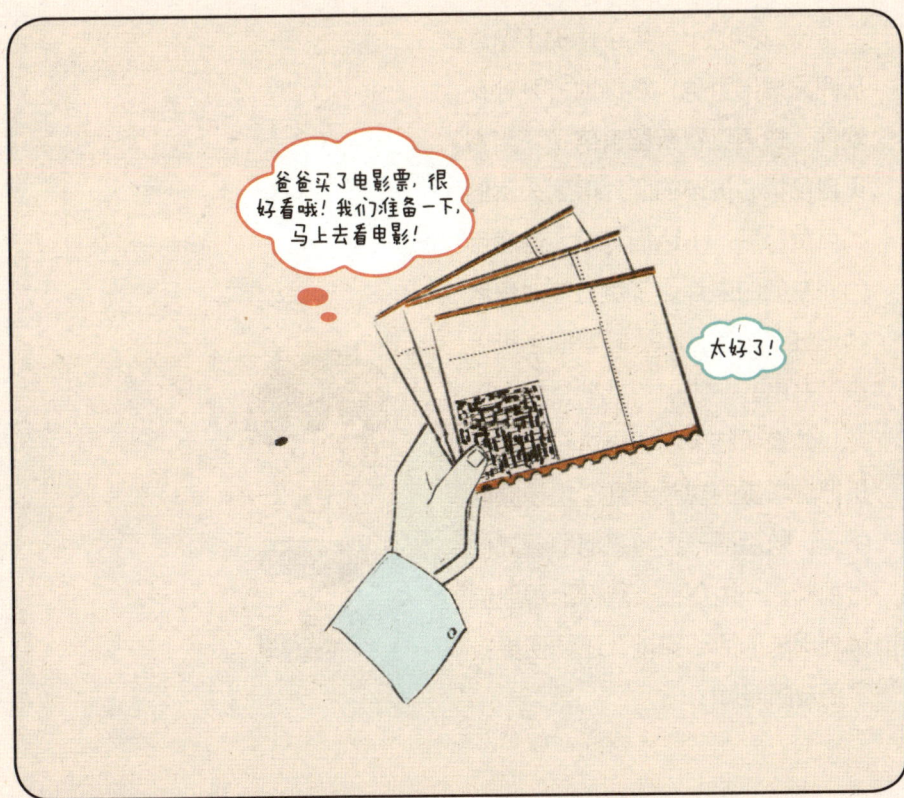

陪孩子聊天，孩子太孤独才沉迷网络社交

孩子沉迷网络社交的一个很大原因，就是因为太过孤独。如果父母能够多陪孩子聊天，在孩子情绪不好的时候能够察觉，并愿意做孩子的倾听者，孩子一定会更愿意向父母倾诉，而不是向网络倾诉。

场景回放：

十二岁的小学生小达扔下笔，从兜里掏出手机，熟练地打开社交软件，快速查看新留言信息，当看见自己精心挑选的照片得到大家的"点赞"后，小达很满意，也随手为朋友们的照片点了赞。这时候老师走进了教室，小达赶紧把手机丢进了书包。

体育课结束后，小达赶紧用手机把啦啦操的视频发到了短视频网站上，随后便一边随意地刷着其他短视频，一边在社交软件上跟朋友策划周末的活动安排，还顺便更新了朋友圈照片……

案例解析：

其实，孩子玩手机的一个很大原因，正是因为现实生活中缺少陪伴，缺少社交！

现在的孩子学习任务都比较重，在结束一天的学校学习之后，如果回到家里听到父母所说的话只有"赶紧吃饭，吃完饭赶紧写作业"或者"早点睡，明天还要上补习班"之类，试问哪个孩子还会愿意主动跟父母沟通？

比如孩子在学校受了委屈，或者跟同学发生了矛盾，本来回家后想跟父母好好说一说这些事情，但若是父母没有耐心倾听，只催促学习，孩子慢慢就变得不再愿意沟通了。孩子会觉得很孤独，觉得没人能够理解他，爸爸妈妈也不关心他真实的情绪和想法，于是，孩子就去虚拟网络世界里寻找安慰，直至沉迷其中，无法自拔……

考试没考好，跟朋友打几场手机游戏，吹吹牛，就能够感觉到成就感；在学校里受到老师同学的排斥，在游戏里跟一群哥们儿聊聊，就能够感觉到被接纳……

这些都是孩子沉迷社交网络的原因，孩子需要的其实不是手机，而是倾听，是陪伴。如果父母能多陪孩子聊天，让孩子感受到爱和安全感，便可以很好地减轻孩子的孤独感，从而让孩子不那么沉迷于虚拟的网络社交。那么，父母要如何做才能有效地陪孩子聊天呢？

妈妈，同桌今天欺负我……

不用理他，你好好学习就行了。

注重情感交流

多陪孩子聊天，并不是简单地和孩子进行对话，而是在谈话过程中尤其要注重情感的交流。父母可以从眼神沟通开始，用肢体语言配合口头语言，鼓励孩子表达感受，厘清愁绪。

创造深入交流的环境

　　想避免孩子沉迷虚拟网络社交，就要给孩子提供足够丰富的现实社交。父母可以带孩子开拓除了家庭、校园环境之外的社交领域，比如父母可以与孩子一起参加兴趣班，在与孩子一起合作的时候进行深入沟通等。另外，父母也可以借助生日聚会等机会邀请孩子的同学到家里做客，为孩子创造与朋友交流的环境。

孩子痴迷网络游戏，以退为进避免硬碰硬

有学者曾指出，专横、愤怒、叫喊、央告、恳求，只会让你远离初衷。孩子痴迷网络游戏，父母的初衷是希望孩子不再沉迷，而非激化矛盾。所以，以退为进，徐徐图之，避免硬碰硬，才是良策。

场景回放：

飞飞沉迷于网络游戏，爸爸说了很多次，飞飞就是不听。有天下班回来，爸爸又看见飞飞在打游戏，便训斥道："别打了，作业写完了吗？"飞飞充耳不闻。

爸爸火了，直接去拔掉了网线，飞飞气疯了，大喊道："你干吗？我马上要赢了！"边说边要过来抢网线。

爸爸忍无可忍，怒吼道："成天打游戏，成绩一塌糊涂，你再这样，怎么会有出息？"飞飞不吭声了，气呼呼地回了房间，当晚背着包离家出走了……

案例解析：

网络游戏大多是由游戏开发公司精心研发出来的，它能够提供诱人的目标、不可抗拒的积极反馈、毫不费力的进步、逐渐升级的挑战、未完成的紧张感以及令人痴迷的社交活动。以一个孩子的判断力和意志力，是很难抵挡住游戏的诱惑的。

父母不能将网络游戏成瘾的责任都推给孩子，指责孩子不上进或者缺乏自制力。当孩子处于极端情绪时，父母若是也企图通过强硬的沟通方式与孩子硬碰硬，结果只能是两败俱伤，甚至造成无法挽回的后果。

孩子痴迷网络游戏，哪怕他的行为已经让人忍无可忍，父母也应该避免使用暴力手段，因为父母越是强硬禁止，越是禁不掉，反而还会增加游戏的诱惑力。硬的方法不行，不妨想想策略。父母可以通过帮孩子挑选适合他们玩的益智类游戏，适当满足孩子的好奇心和心理需求，慢慢降低孩子对游戏的痴迷。

比如，威威的爸爸在发现孩子沉迷于网络游戏时，并没有直接反驳，而是对威威说："你跟我玩三局，如果你输两次，就去写作业，怎么样？"结果前两局威威就全输了，虽然难过，但是威威还是乖乖回屋写作业去了。

游戏成瘾并非一日之功，想戒掉也不可能一蹴而就，父母不妨参考下面的方法，慢慢引导。

三局两胜，如果你输两局，就去写作业怎么样？

一言为定！

规定游戏时间

避免孩子游戏成瘾，最重要的就是节制孩子玩游戏的时间，以及明确孩子玩游戏的条件。父母最好能把自己和孩子的游戏时间重叠在一起，既可以让孩子心理平衡，又可以让家人带动孩子严格遵守游戏时间。

把游戏变成有难度的任务

即便是喜欢的事，一旦变成有难度的任务，也会让人产生排斥的心理。如果父母可以把游戏变成一项必须要完成的任务，孩子在玩游戏时感觉自己只是在单纯地完成任务，且因为"不能输"的要求而压力倍增，那么孩子自然就会觉得游戏其实也没那么好玩，便不会过分痴迷网络游戏了。事实上，这种操作方法在心理学上被称作"厌恶疗法"，对特定人群效果显著。

和孩子签一份正式的"上网协议"

看到孩子痴迷网络游戏，父母无须惊慌失措。父母不妨尝试和孩子签订一份"上网协议"，在帮助孩子畅游互联网知识海洋的同时，培养孩子的契约精神，提高孩子自我约束、自我管理的能力。

场景回放：

小佳的爸爸妈妈都是全职工人，不能时刻监督小佳的上网情况。尤其是放暑假的时候，小佳总是长时间上网，妈妈尝试过断网，小佳就开移动数据偷偷玩。由于小佳每天还要上网课，妈妈又不得不恢复了网络，并与小佳约定每天只能上网玩一小时，但是小佳根本遵守不了。于是，妈妈决定跟小佳签订一份正式的"上网协议"。

协议内容包括：上网必须要有大人陪同；每天晚上做完作业后可上网一小时，周末节假日可以延长到两小时；没有父母的允许不得透露任何个人信息；下载任何文件需经由父母同意；不得浏览赌博等非法内容的网站……如果违反协议内容，禁止上网一周。

案例解析：

帮助孩子安全上网，靠暴力禁止是行不通的。断网或者没收设备并不能从根本上解决问题，只会让孩子觉得"不公平"，恶化亲子关系。但是，放纵孩子无节制地上网、打游戏，被各种不良信息侵害，甚至染上网瘾，更是父母不愿意看到的事情。

想让孩子正确使用"网络"这个工具，最好的办法就是和孩子签订一份正式的"上网协议"。协议内容包括限定孩子的上网时间和上网内容，以期利用契约精神来约束和管理孩子的上网行为。契约精神强调的是诚实守信，说到做到。父母对孩子契约精神的培养也会成为孩子宝贵的人生财富之一。

需要注意的是，父母和孩子签订的"上网协议"要足够正式。父母不仅要让孩子在协议上签上自己的姓名，最好还要让孩子按下手印，以增强这份协议的郑重性和仪式感。一旦孩子在这份协议上签了名，也就意味着他将要履行上面的每一项条款。父母也要表现出对协议的重视，而不要觉得这是在哄孩子。

好！

好了，这份"上网协议"已经拟完了，来签上你的姓名吧！

和孩子签一份"上网协议"可以帮助孩子树立规则意识，让孩子明白做任何事情都要懂得节制，进而提升自律意识。签订协议本身也是给父母一个了解孩子需求和感受的机会。在此过程中，父母可以听听孩子讲述自己为什么喜欢上网，然后才能"对症下药"制定合理的"上网协议"。此外，父母认真和孩子商量，让孩子参与协议的制定，也能让他们感受到自己是被尊重的，从而提高遵守协议的积极性。

把协议做成卡片时刻提醒

父母可以把"上网协议"做成卡片，贴在家里最显眼的位置，提醒孩子执行协议内容，也提醒自己监督孩子。

奖惩要坚决执行

　　奖惩措施需要提前跟孩子讲清楚，然后再循序渐进地施行。比如，如果孩子能够履行协议三天，就可以让他在周末的时候掌管电子设备一天；如果孩子能够履行协议一周，那么整个周末便都可以将电子设备交给他掌控；如果孩子一个月都遵守了协议内容，那么父母就可以尝试把电子设备完全交给孩子管理，相信他能做得很好。同理，惩罚也是一样，违反一次，电子设备冻结一天；违反两次，冻结一周；超过三次，那就不能再玩电子设备了。

放下手机，和孩子一起去户外活动

　　孩子的天性其实是热爱大自然的，他们喜欢外面的世界，但有时父母却并没有给他们创造接触大自然的机会。父母以各种各样的原因为由不带孩子出去玩，总被"宅"在家里的孩子，要如何打发多余的时间呢？于是，手机和网络便成了他们为数不多的选择。

场景回放：

　　平时或者周末，只要是空闲的时间，波波就抱着手机不放，妈妈提醒了几次，波波都跟没听到一样，妈妈忍不住大吼了几句了，波波反而顶嘴道："我就玩一会儿不行吗？"妈妈气到不行，说轻了不听，说重了家里就变成了战场，妈妈好几次都有想把波波手机砸了的冲动……

案例解析：

现如今，很多孩子都早早地戴上了眼镜，这多半是因为过早地接触电子屏幕所导致的。动画片或者儿童游戏大多色彩艳丽，电子屏幕的画面转换速度过快，极容易让孩子尚未发育成熟的视觉神经系统感到疲劳，久而久之就形成了近视、斜视等问题。

而且，来自电子屏幕的光影刺激是异常强烈的，当孩子习惯了这样的感官刺激，便很难在相对平淡的、静态的现实生活环境中集中注意力。一位小学老师总结多年的教学经验发现，课堂上爱走神、坐不住、静不下心来看书的孩子，半数以上都有爱玩手机、爱看电视的习惯。

父母如果想要孩子放下手机，较有效的办法其实是让孩子没有时间和精力拿起手机。作为父母，春天可以带孩子去踏青、郊游，观察、欣赏漂亮的花草；夏天可以带孩子去沙滩，看大海，沐浴金色阳光；秋天可以带孩子去农家果园采摘香甜的瓜果；冬天可以带孩子去滑雪、滑冰……

除了节假日多带孩子接触大自然外，父母还可以和孩子一起为即将到来的户外活动做准备，比如去野餐，就和孩子一起准备食材；出去放风筝，就和孩子一起做一个风筝等，让孩子体会到亲身实践的乐趣。

世界很大很精彩，远不是一个小小的手机和虚拟的网络可以比拟的。不要把孩子推给手机了，放下手机，和孩子一起去户外活动，用陪伴填补孩子内心的空虚，帮助他们获得触摸外界的勇气和力量。

去做有意义的事

　　父母可以带孩子去做很多有意义的事情，比如参观动物园、博物馆等。参观动物园时，父母不仅可以帮助孩子认识很多动物，还可以和孩子共同参与生物种类多样性的知识竞赛等。参观博物馆时，父母可以通过询问孩子问题的方式，激发孩子学习科学知识的兴趣，拓展孩子的知识面。

记录美好时刻

一天的户外活动结束后，父母还可以和孩子一起记录当天的开心时刻，把美好的记忆用笔记录下来。父母还可以和孩子进行比赛，看看谁写得更精彩，写得好的人还会有额外奖励。只要户外活动足够精彩，孩子玩得足够开心，他们自然就会忘记手机。

第二章

当孩子成绩
不好，正确安慰和鼓励

孩子考试失利了，多肯定少责怪

孩子考试失利，只不过是他在人生路上跌的一个小跟头。父母应该把孩子拉起来，帮助他拍一拍身上的尘土，鼓励他继续向下一个目标前进。父母的打击和指责并不能让孩子提高成绩，只会让孩子的成绩越来越差。

场景回放：

期末考试，小南的数学只得了70分。他战战兢兢地回到家。

"你是怎么考的？一天到晚在学校不学习吗？"妈妈看了他的分数，非常生气。

小南低着头，不敢吱声。

"这么简单的题都写错？你答题时怎么想的？"妈妈拿着卷子使劲拍在桌子上。

小南的头低得更厉害了。

"你考这么点儿分，连高中都上不了。你知不知道？"妈妈再次提高了音量。

小南满心委屈，却不敢哭出来。

之后，他越来越不愿意学习数学，成绩更是持续下降。

> 这么简单的题，都写错？你答题时怎么想的？

案例解析：

很多父母在孩子考试失利之后，会指责孩子不努力、太笨，甚至会打击孩子，说孩子将来没有出息。父母过度批评和指责孩子，会打击孩子在学习上的自信心和积极性。一旦孩子失去信心，就会觉得自己什么都做不好，不仅连力所能及的事情都做不了，而且也没有足够的动力去学习。严重时，孩子会产生厌学情绪。

父母的责怪还会让孩子只盯着自己的考试成绩，想办法保证自己成绩好，避免挨骂。为了得到好成绩，受到夸奖，孩子很容易养成投机取巧的坏习惯，出现作弊等行为，不会再重视学习的方式方法。

孩子考试失利了，父母的当务之急是管理好自己的情绪。如果不能控制好情绪，父母可能会对孩子过度指责，让孩子对考试和学习产生恐惧心理。如果孩子的成绩不理想，父母首先要学会接受这个结果。父母只有接受孩子考试失利的现实，才能冷静下来，心平气和地与孩子一起想办法解决学习上的困难。孩子在面对挫折和困难时，也会拥有良好的心态。

孩子考试失利内心已经非常难过，特别是当他们为了考出好成绩，付出很多努力的时候。这时候，孩子需要的是理解和支持，而不是责骂。

责骂只会减少孩子的内心能量，甚至导致孩子破罐破摔，成绩变得越来越糟糕。父母如果能把指责变成肯定，就能帮助孩子恢复内心的能量，斗志满满地投入到接下来的学习中。

当孩子考试失利的时候，父母要如何给予孩子肯定呢？

这次没考好，以后还有机会，先洗手吃饭吧。

肯定付出的努力

孩子每天的学习情况，父母都是看在眼里的。父母肯定孩子付出的努力，就相当于鼓励孩子。这样做才能让孩子不在考试失利这件事上耿耿于怀，而是去积极地寻找考试失利的原因，并且总结经验教训。

儿子，找原因比因为分数而难过更重要，我们一起分析一下卷子上的错题吧。

好的，爸爸，我去拿卷子。

肯定进步的点

　　父母不要将孩子的成绩和班级其他学生进行比较，也不要问孩子班级有多少人考了满分。这种说话方式会让孩子觉得自己不如别人，很容易打击孩子的自信心。正确的方法是，父母用孩子这次的成绩和之前的成绩进行比较。有进步的地方，父母要给予孩子肯定。有不足的地方，父母和孩子一起查漏补缺。

孩子说不想上学，心平气和找原因

"爱玩"是孩子的天性，孩子不爱学习实属正常。不过，如果孩子不爱学习、不想上学的情绪达到一定程度，就绝不仅仅是天性的原因。因为孩子不会无缘无故地讨厌和排斥做一件事情。

场景回放：

到了该写作业的时候，多多的屁股刚坐到椅子上就想去厕所。妈妈一把将他按下，看着他萎靡不振、磨磨蹭蹭的样子，很生气地说："你要是把玩的心思放在学习上，早就写完了。"

早上，妈妈看多多还没起床，就去掀他的被窝，喊道："赶快起床！上学要迟到了。"

妈妈好不容易把多多从床上拎起来，多多却喊道："我不想上学。"

妈妈骂道："你这孩子真不让人省心。不上学，你想干什么去啊？"

多多嚷道："我就不想上学。"他一屁股坐到地上，说什么也不起来。

案例解析：

　　几乎所有的厌学情绪都是从拖延开始的，孩子写作业拖拉，不愿意上学、返校都是拖延的表现。在学习时，孩子倾向于采用逃避或取巧的方法，比如做题时不思考，直接向别人求助，甚至抄作业。孩子心态上的改变还会导致成绩持续走低或断崖式下跌。另外，频繁地违反学校的纪律，人际交往困难，出现焦虑抑郁的情绪，也是孩子厌学的表现。

　　一旦孩子出现厌学的苗头，父母第一时间不应去责怪孩子，更不应该逃避、否定孩子身上可能存在问题的事实，而是应该去了解孩子厌学的背后原因。

　　从主观原因来看，有些孩子不具备正确的学习动机，他们不明白学习的意义，总认为是为父母而学，自然而然会失去学习的兴趣。有些成绩不好的孩子在学习上得不到成就感，久而久之对学习就没有了热情。孩子的自制力差、学习方法不对，也很容易产生厌学情绪。

> 爸爸，我不想上学了。

> 儿子，怎么了？是不是最近压力太大了？和爸爸说说。

　　从客观原因来看，父母对孩子的期望过高、经常批评指责孩子、太看重成绩等不妥当的教育方式，都会导致孩子出现心理问题，产生厌学情绪。假如和同学、老师发生不愉快或冲突，孩子也会抗拒上学。

　　察觉孩子出现厌学情绪时，父母应该采取什么措施帮助他们度过这段艰难的时期呢？

激发孩子的学习兴趣

父母想让孩子爱上学习，就要让孩子觉得学习和玩游戏一样有趣。父母找到孩子的兴趣所在，然后引导他学习，他就能够感受到学习中的快乐。

肯定孩子的好习惯和小成绩

　　父母在孩子日常的学习中，要善于发现孩子的好习惯和小成绩，并且给予肯定。比如孩子写作很仔细，但是速度可能慢了些，父母可以给孩子肯定之后，再给孩子提建议。孩子体验到成就感，就更愿意去提升自己。

⏰ 不逼迫，唤醒孩子的学习热情

　　很多父母害怕孩子不好好学习，于是把孩子管得很严，甚至会逼迫孩子学习。但其实，父母过分的管束和逼迫对孩子的身心健康十分有害，而且会引起孩子的反抗情绪，拒绝父母对他们的管教。

场景回放：

　　梓睿拿起很久没看的小说，刚看了两页，爸爸就推门进来了。看到他手里的书，爸爸生气地说："怎么还有时间看闲书？赶快复习功课。"

　　梓睿委屈地说："我复习完了，也预习过了，想休息一下。""明年就要中考了，你不抓紧学习，怎么考重点学校？"爸爸砰的一声关上门出去了。

　　妈妈送了一些水果进来，说："不是我们逼你，你考上好初中，才能考上好高中和好大学。你也不小了，怎么还不懂事呢？"

　　梓睿放下小说，课本也看不进去，不甘地想：你们的眼里只有学习学习……

不是我们逼你，你也不小了，怎么还不懂事呢？

你们就是在逼我……

案例解析：

很多父母认为，要想让孩子学习好，就必须多督促和监管孩子，这样孩子才能出好成绩：孩子做作业，就忍不住提醒几句；孩子想玩一会儿，就苦口婆心地劝说；孩子成绩差了几分，就免不了警告几句……

你是大孩子了，要学会管理自己的学习和生活。妈妈可不想做那个让人讨厌的唠唠叨叨的妈妈。

妈妈，你放心，我会安排好的。

有些父母会不停地询问孩子的学习和考试情况，比如"复习得怎么样了？""今天考试了吗？考得怎么样？"，甚至自作主张地给孩子制订学习计划，还把时间安排得很满，几乎没有什么休息的时间，而且时刻督促着孩子不要偷懒。

孩子面对父母不停地唠叨和催促，却未必会领情，孩子可能会发火、厌烦，根本没办法进入正常的学习状态。更有甚者，孩子会把父母的话当作"噪音"，表面上装作在听的样子，其实没有听进心里去。

父母总觉得自己是为了孩子好，是在关心孩子，而做法却总是适得其反：对孩子学习督促得越多，越会干扰他们的情绪，增加他们的压力，引起他们的反感和焦虑，甚至激起他们的逆反心理。

过度的提醒和督促只会让孩子变得被动，天长日久就失去了学习的兴趣和主动性。所以，父母督促的目的应该是让孩子学会主动学习，而不是去干涉孩子的生活，甚至把自己的意志强加给孩子。给孩子创造宽松的环境，才能调动孩子学习的主动性和积极性。

想要引导孩子主动学习，父母应该怎么做呢？

用提醒代替命令

没有人喜欢被别人监视着去做事情，孩子也一样。当孩子玩的时间太长，父母可以提醒一下孩子安排好自己的学习时间，而不是命令孩子马上去写作业。逼迫孩子学习，只会让孩子想尽一切办法逃避学习。

信任孩子

父母不要过分地看管孩子，监控孩子的一举一动，而是应该信任孩子，相信孩子可以做好、管好自己的事情。父母越信任孩子，孩子越会守信用。否则，孩子就会撒谎和反抗父母。父母对孩子的不信任会严重地伤害父母和孩子的感情。

用梦想激发孩子的学习动力

　　梦想是孩子对未来的期待和向往，也是他在成长和发展道路上激励他前行的动力。很多父母总是抱怨孩子贪玩，不爱学习，其实这是因为孩子缺少学习的动力。而梦想就是促进孩子学习的动力。

场景回放：

　　冬冬和妈妈说，他长大后想当宇航员。一说起这个，他就双眼放光。

　　妈妈却说："当宇航员可不是那么简单的。要学习数学、物理、计算机、材料学这些领域的知识。你行吗？"

　　冬冬说："我怎么不行？我现在就学。""现在还不行，这些都是大学里才能学到的知识。"妈妈说，"你要先打好基础，考上中学和高中，才能在高考时选择和航空航天相关的专业。"

　　此后，冬冬每天都积极地完成作业，再也不用妈妈催了。

当宇航员可不是那么简单的，要学习很多知识，你行吗？

我怎么不行？我一定努力学习。

案例解析：

　　成年人总觉得"梦想"是很虚幻的事情。但其实，在孩子漫长的学习生涯中，不能没有梦想。虽然孩子的年龄小、心性不定，他成年以后也不一定会把这些梦想当作真正的追求，但是至少在现在这个阶段，梦想可以激励孩子持续地努力。

　　从现实来看，有梦想的孩子要比没有梦想的孩子在学习上更加努力。有梦想的孩子知道自己为什么学习，即使没有人监督，也会为了梦想而努力。没有梦想的孩子却因为不知道该朝什么方向努力，容易失去学习的动力，总是需要父母和老师去监督和激励，严重时可能出现逃避学习、消极被动等情况。

你最近学习总是不认真，要注意点儿啊。

都不知道学习为了什么，我不想学习。

　　想了解孩子的梦想，父母可以询问孩子未来打算做什么，听听孩子自己的规划和想法。每个孩子心里都会有想做的事或想成为的人，父母也可以从中发掘和培养孩子的兴趣爱好，进而发现他的优势和潜能，鼓励和支持他坚持发展兴趣爱好，这个兴趣爱好很可能就是孩子的梦想。

　　之后，父母可以和孩子谈论他目前的优势和资源，现实和梦想还有哪些差距。父母要让孩子具体深入地想一想，想要实现梦想，需要做些什么？可能会遇到什么障碍？如何解决？最好让孩子亲自制订一个计划，或者由父母引导孩子将目标分解，形成一张由一个个小目标组成的清单，让孩子依照清单自主行动。

　　父母在引导孩子为梦想奋斗时，还应该注意些什么呢？

尊重孩子的梦想

　　可能以父母的眼光来看，孩子的梦想或是遥不可及，或是不够崇高，所以部分父母会去打击孩子，甚至想要把自己的梦想强加给孩子。但是，这种做法会严重打击孩子的积极性。父母不应该对孩子的梦想感觉失望，而是应该表现出兴趣及认可，这样孩子才能乐此不疲地去实现它。

让孩子体验成功

在追求梦想的过程中，孩子会遇到各种挫折和困难，这可能会打击孩子的积极性。父母可以创造一些让孩子体验成功的机会，比如给孩子买点儿种子，和孩子一起种下去。种子发芽，不仅使孩子体验到成就感，兴许也给孩子种下了梦想成为植物学家的种子。

表扬孩子学习以外的能力，帮他建立自信

　　每个孩子身上都有优点，哪怕是学习不好的孩子。父母如果只看重孩子的学习，无视孩子学习之外的闪光点，不仅会打击他的自信心，影响他的学习，他身上原有的优点也会消失。

场景回放：

　　娜娜学习不主动，成绩一般，妈妈总是忍不住唠叨她，打击她。

　　爸爸提醒她说："你再这样下去，孩子就会越来越自卑了。再说，女儿也并不像你说的那样一无是处吧？"

　　经过反思，妈妈改变了策略，她尝试着去发现娜娜其他方面的能力。

　　一天，妈妈看着娜娜的作业，说："你的字迹很工整，页面也整洁。这样考试的话，老师肯定会多给你卷面分的。"

　　"真的吗？"娜娜头一次听到妈妈夸自己，有点儿不敢相信。

　　"当然是真的。"妈妈接着说，"如果你能再多对几道题，分数肯定会提高的。"

　　娜娜听了妈妈的话，就每天主动地复习功课，成绩也逐渐提高了。

> 那我现在就复习，争取多得几分。

> 你的字写得那么好，卷面分肯定少不了。要是能再多对几道题，分数肯定能提高。

案例解析：

学习好固然重要，但学习成绩并不是孩子成功的唯一条件。孩子成功与否还与他各方面的素质、品质、能力等有关。作为父母，应该善于发现孩子身上与学习无关的优点，并且把优点放大去看，进行真心的赞扬。这样做，孩子容易建立起自信心，并且把优点发扬下去。

父母如果只关心孩子的学习，抓着孩子的缺点不放，就容易无视孩子身上的优点，把优点也当作缺点去批评。孩子得不到父母的赏识，就会萎靡不振，产生自卑的心理，严重时会产生和父母对立的情绪，不仅优点没了，缺点也会更严重。

孩子小的时候，不能对自己建立起正确的认识，特别需要靠成年人的肯定来认识自我、增强自信，父母的话对于他们来说有很大的权威性。所以，父母应该用全面、发展的眼光来看待孩子，这样就可以调动孩子的积极性，促使孩子取得更大的进步。

用全面的眼光看待孩子，就是父母除了考虑到孩子的学习情况外，还要考虑到孩子的性格素质、卫生习惯、社交能力、兴趣爱好、动手能力等方面的发展情况。只要全面地分析，父母就不难找到孩子值得表扬的地方。

用发展的眼光看待孩子，就需要父母用孩子的今天和昨天比，哪怕只是一点儿微小的进步，也要及时地给予孩子肯定。父母千万不要觉得孩子的进步不值一提而忽略过去，更不要拿孩子的缺点去和别人的优点比较。

孩子都喜欢受到父母的表扬，那么，父母应该如何怎样去表扬孩子呢？

成绩不好，光会修东西有什么用？赶快学习去。

爸爸，我把录音机修好啦。

培养孩子的想象力

　　孩子总会有很多奇思妙想，他们的想法可能在父母看来太过不切实际，甚至很可笑。但是，父母应该保护孩子的想象力，不要去限制他们，更不要斥责他们。要知道很多伟大的发明也是从"胡思乱想"开始的。

鼓励孩子的进步

父母只要仔细观察，就会在孩子身上发现进步的地方：也许是学会了主动思考，也许是分析问题的能力增强，也许是勇敢地表现自己，也许是能很好地面对挫折。赞扬和鼓励能让孩子收获越来越多的优点。

不要用付出和牺牲绑架孩子学习

父母为了孩子愿意付出一切，希望孩子可以"成龙""成凤"。然而，有时候父母的付出和牺牲，并不能让孩子更好地学习，反而会给他们带来很大压力。

场景回放：

萍萍手里拿着 60 分的试卷，羞愧得抬不起头。妈妈说："我跟你爸，起早贪黑，累死累活的，还不是因为你，你不好好学习，对得起我们吗？"

妈妈说着说着，眼圈红了："我们自己舍不得吃，舍不得穿，好吃好喝地供着你，就为了让你好好学习。你怎么这么不争气呢？"

萍萍觉得自己很对不起父母，于是每天都自觉地学习到后半夜，想考个好成绩。她越是这么想，压力越大，晚上根本睡不好，白天也没有精神上课，学过的知识也记不住，结果考试反倒不及格。

> 我跟你爸,起早贪黑,累死累活的,还不是因为你,你不好好学习,对得起我们吗?

案例解析：

很多父母为了让孩子成才倾尽全力，在金钱、时间、精力上尽己所能地付出。有些父母对孩子的学习非常重视，以至于放弃自己本来的工作和生活，专门来给孩子陪读。有些单亲家庭的父母，为了抚养孩子会更加辛苦地工作，这样的家庭更是将全部希望寄托在孩子身上。

一旦父母对孩子有了"付出感"和"牺牲感"，就会认为自己非常不容易，潜意识里会认为孩子亏欠了自己，理所应当地会对孩子提出要求。这会让孩子感受到巨大的心理压力。

孩子想要好好学习，又害怕学不好、考不好，让父母难过，导致背上了心理包袱，影响了正常发挥。没有达到父母的要求，孩子就会内疚。当内疚达到一定程度，有的孩子变得沉默抑郁，有的孩子会缺乏自信，甚至有的孩子不堪重负下选择自暴自弃。

父母的抱怨和诉苦，孩子听多了就变得麻木。他们会认为学习的目的是满足父母的期待，而不是为了自己，从而变得更加叛逆。父母总是和孩子抱怨自己的辛苦和不易，孩子会感觉自己被套上了枷锁，对父母产生不满。

父母用付出和牺牲来绑架孩子，还会影响孩子的人格发展。孩子出于"愧疚感"，害怕因违背父母的期望而不被父母喜欢，所以会压抑自己的情绪和感受。这样的孩子很容易成为"讨好型"人格，过分在意别人对自己的看法，丧失了对自己人生的掌控权。

父母不想用自己的付出去强迫孩子，想让孩子自主学习，应该怎么做呢？

不辛苦啊，我和你爸爸觉得很快乐。你努力学习应该是为了自己。

妈妈，你们养我是不是特别辛苦？我一定努力学习。

✳ 让孩子学会为自己的行为负责

　　劝告，甚至控制孩子去学习，未必会达到效果。如果孩子不认真学习，父母就要让孩子承担这样做的后果，比如，被老师批评，或者被别人嘲笑。这样孩子才能学会为自己的行为负责，而不是把责任放在别人身上。

强调自己和孩子各自独立

事实上，父母和孩子都是独立的个体，应该互相尊重和欣赏。父母应该做好自己的工作，过好自己的生活，也让孩子去做好自己该做的事情，包括学习，这样将来孩子才能独立地处理生活和工作上的事情。

第三章

当孩子情绪
不佳，读懂需求善满足

孩子发牢骚，全神贯注地听，不做评价

父母希望孩子每天都能开开心心，积极向上，不喜欢孩子动不动就愁眉苦脸、乱发牢骚。但是，成年人尚且还有情绪不佳的时候，何况孩子呢？孩子发牢骚抱怨，仅仅是在发泄不良情绪、疏解压力而已，父母只要做到全神贯注地听，不做主观评价即可。

场景回放：

妈妈下班刚回到家，就听见甜甜在那发牢骚，甜甜拉着妈妈说："妈妈，今天吴婷婷她……"妈妈一身疲惫，不耐烦地打断道："等一下，我正忙着呢，鞋子还没换。"

就这么点儿小事？回屋写作业去！

妈妈，今天我没借吴婷婷橡皮，她就说我坏话！

等妈妈收拾完毕，准备去张罗晚饭时，甜甜又跑过来对妈妈说："妈妈，吴婷婷今天想借我橡皮，我没借，她就说我坏话！"妈妈想着还有一堆家务活要做，听了甜甜的牢骚更是烦躁不已，忍不住回道："这么点儿小事，值得抱怨吗？赶紧写作业去！"

案例解析：

在很多父母眼里，孩子的烦恼，无非就是"作业太多""老师偏心""同桌把自己的橡皮擦黑了""今天学校的午餐有自己最讨厌的洋葱"等一些鸡毛蒜皮的小事，每天都大同小异，而自己还有一大堆正事等着去忙，实在没有闲暇时间，也没有心情去听。所以，很多父母面对孩子的牢骚，不是敷衍不耐烦，就是忍不住反驳或者训斥一顿。

让孩子伤心的除了父母的敷衍，还有父母总会下意识地对孩子的情绪予以否定、轻视、责怪等主观评价，比如，"你怎么可以这么说老师？""你不是累了，你就是故意在找碴儿。""这个很好玩啊，你怎么会觉得无聊？"父母的主观评判非但平息不了孩子的不满，还会引起孩子情绪上的对抗，孩子也变得不再愿意与父母说心里话。

很多时候，孩子发牢骚、抱怨，需要的仅仅是一个耐心的听众，我们不妨认真听一下，不做任何主观评判。听的过程中，我们可以适当做点儿简单回应，表达下同情和理解。当我们耐下心来认真听完孩子的牢骚，往往就会惊奇地发现，我们根本不需要给什么建议，也不需要讲任何大道理，孩子自己就能从坏情绪里走出来，甚至还能自己找到解决问题的办法。

总有父母抱怨说，孩子越大越不愿意跟自己沟通了。其实，不是孩子不愿意沟通，而是孩子无法在和父母沟通的过程中获得尊重、理解和支持，便不再愿意与父母沟通了。

那么，作为父母，当孩子发牢骚的时候，具体该如何做呢？我们不妨参考下面的方法。

共情式回复

倾听的目的，不是说教，更不是批评，而是理解。听见孩子发牢骚，父母如果能够站在孩子的角度思考，使用共情式回复，孩子一定会很开心自己被理解，甚至会因为这份理解，而主动去想办法解决问题。

引导孩子思考问题的答案

对于孩子的抱怨，直接纠正会让孩子产生逆反的情绪，不如鼓励孩子自己思考问题的答案。当孩子自己得出结论，往往也更容易调整好自己的心态。

孩子生闷气，引导他说出烦恼

孩子的情绪，在成长过程中是非常易受影响的，他们可能会因为各种原因而感到烦恼，又因无法排遣，而只能生闷气。作为家长，我们需要了解孩子的感受，并引导他们说出自己的烦恼。

场景回放：

爸爸看见儿子华华有些闷闷不乐，便对华华说："你今天看起来有些不开心，是有什么烦恼吗？"华华沉默了一会儿开口道："小天给我起了个外号，他们都在嘲笑我，我很生气，我再也不要跟他们玩了。"

爸爸笑着说："原来是这样，如果我是你，我也会生气。不过，如果我发现别人给我取的外号没有恶意，我就不会生气了，因为外号代表一个人的特点，有时候还是一种赞美呢！比如包拯断案铁面无私，人们就给他取了个外号叫'包青天'。"华华听了爸爸的话，心情好多了。

> 原来是这样，如果我是你，我也会生气。不过，如果我发现别人给我取的外号没有恶意，我就不会生气了……

> 小天给我起了个外号，我很生气……

案例解析：

　　孩子在学校里与同学发生了矛盾，或者遇到了自己难以解决的问题，往往会选择生闷气的方式，压抑自己的情绪。而躲在一边生闷气的孩子，常常会被父母忽略，因为很多父母认为此时不要去管他，让他冷静冷静，反思一下就行了。然而，这样的行为不仅会加重孩子的烦恼和不良情绪，还会让孩子感到孤独和不被理解。

　　当孩子生闷气的时候，父母首先要主动关心孩子的情绪，引导孩子说出自己的烦恼，当孩子说出自己的烦恼后，父母要第一时间认同孩子的感受，让孩子觉得父母是支持他、理解他的，然后再慢慢引导孩子正确看待自己的烦恼。

　　比如，小超放学回家，刚进门就生气地发牢骚："他们凭什么不让我参加今天的足球赛，就因为我没带运动服，就让我坐冷板凳，也太不公平了！"妈妈说："谁让你不带运动服了，没运动服怎么打比赛？"小超听了更生气了："别说了，我就知道你只会替他们说话！"说完便重重地关上了自己的房门……

　　正确引导孩子说出自己的烦恼，需要父母具备足够的耐心和倾听技巧，同时也需要父母主动关心孩子的情绪变化。当父母稳定好孩子的情绪之后，再和孩子一起探究问题的根源，这样才能更好地帮助孩子，让他们感到被理解和支持，从而增强他们解决问题的信心。

提供情感支持

当孩子打开话匣子的时候，父母千万不要打断或者跳出来发表自己的看法，父母只需要为他们提供情感支持即可。父母需要耐心倾听孩子所说的话，关注他们的表情和语气，认可他们的感受和心情，从而建立起良好的沟通渠道。

鼓励孩子把烦恼写在纸上

有时候孩子生闷气，并不愿意把自己的烦恼说出来，父母可以鼓励孩子把烦恼写在纸上。如果孩子不愿意让父母看纸上的内容，父母也要尊重孩子的意愿。写完之后，父母还可以让孩子玩撕纸游戏，当孩子将写满烦恼的纸片撕碎丢掉时，他们的烦恼仿佛也跟着纸片一样消失不见了。

⏰ 孩子发脾气，表达认同让愤怒熄火

儿童心理学者黛博拉·麦克纳马拉认为，发脾气本身是无害的，有害的是阻止孩子发脾气。当孩子发脾气的时候，父母应当表达认同、给予理解，然后再采用适当的方式方法安抚孩子情绪，这样才能更有效地熄灭孩子的怒火。

场景回放：

轩轩拽着妈妈的衣服恳求道："妈妈，你带我去买水枪吧？"刚下班的妈妈实在不想动，就对轩轩说："妈妈今天太累了，明天去吧！"轩轩不依，拉着妈妈就往门口走："不行，我今天就想玩……"轩轩拼命拽着妈妈的衣角，又哭又闹。

> 让你不给我买水枪！

妈妈费力掰开了轩轩的小手，坐在沙发上，不再搭理轩轩。只听见砰的一声巨响，轩轩把椅子推倒在地，然后狠狠地瞪着妈妈，妈妈顿时火冒三丈，把轩轩揍了一顿。

案例解析:

心理学家认为,孩子发脾气,看似在向父母"施压",其实是在向父母"求助"。孩子通过发脾气的方式向父母袒露自己的坏情绪,其实是在向父母传递一个求救信号:我很不舒服,我不知道怎么办,请你帮帮我! 然而,孩子一次次地求助,换来的却是父母一次次的暴力回击。

情绪本身并没有好坏之分,愤怒也是一种正常的情绪表达。孩子的愤怒没有错,错的只是宣泄负面情绪的方式。当孩子冲我们发脾气的时候,我们要做的不是去制止他的怒气,而是要了解他发脾气的原因,表达我们的认同和理解,慢慢地帮助他平复情绪。

比如,孩子不小心打碎了一个碗,如果父母不问青红皂白直接呵斥,孩子感觉到委屈就会发脾气;如果你能平静地注视着他,心平气和地问询情况,再给予孩子肯定和安慰,孩子自然就不会发脾气了。

当孩子发脾气时,父母一定要让自己先冷静下来,避免急躁发火。当孩子发脾气时,父母不要试图通过争论来说服他,而是引导孩子说出发脾气的原因并耐心听他们解释。即使孩子错了,也不要在气头上与他理论,父母要等到孩子气消以后,再与他好好交谈,指出之前的不对之处。

每个孩子都要经历脾气暴躁的阶段,父母应该给孩子多一分理解,少一分责骂。

谢谢宝贝,妈妈很感动,不过下次要小心一点儿,别划伤手!

妈妈,我想给你煎个鸡蛋,结果不小心打碎了一个碗……

告诉孩子父母需要拥抱

当孩子无法控制情绪的时候，父母不妨俯下身来，用拥抱来化解孩子的怒气。若孩子不愿意拥抱，父母也可以轻声对孩子说："爸爸妈妈需要一个拥抱，你能满足爸爸妈妈的需求吗？"如果孩子还是不愿意，父母还可以告诉孩子，等他准备好了再来拥抱。若是孩子同意了，父母可以抚摸孩子的头，对孩子说："谢谢你给我这个拥抱，我爱你！"当孩子感受到父母给予的安全感时，他们才能做出理性的思考，并学会正确处理自己的情绪。

框架性指导

所谓框架性指导，就是指面对潜在困难时父母提前给孩子打好"预防针"，并给出具体的建议，让孩子在心理上有所准备，并在行为上做好应对策略。

孩子说害怕，不要笑话他胆小

当孩子说害怕的时候，父母如果报以轻视或嘲笑，孩子就会觉得自己不被尊重，也不被理解，从而进一步加重他们的不安全感和恐惧感。父母应该认真对待孩子的感受，并以一个接纳和支持的态度来回应他们，让他们能够积极面对自己的情绪，并以积极的态度去克服内心的恐惧。

场景回放：

小泽晚上不敢一个人睡觉，便缠着妈妈不让走，妈妈鼓励道："你已经五岁了，是个男子汉了，勇敢一点儿啊！"小泽委屈地说："可是，我害怕……"妈妈问："那你告诉我，你害怕什么啊？"小泽说："我怕鬼。"妈妈嘲笑道："哪有什么鬼啊，倒是有你这个胆小鬼，别瞎想了，快睡觉吧！"

> 哪有什么鬼啊，除了你这个胆小鬼，快睡觉！

> 妈妈你别走，我怕鬼。

案例解析：

害怕是人类为了躲避伤害而表现出来的一种本能的情绪反应，属于自我防御机制，这在孩子身上表现得尤为明显。比如，三岁不敢去幼儿园，四岁不敢自己滑滑梯，五岁不敢一个人睡觉……当孩子接触新事物的时候，虽然有一定的好奇和想要尝试的心理，但是出于对安全问题的担心和对未知的恐惧，最终又会表现出犹豫的矛盾心理。

当孩子因为害怕而不敢去尝试的时候，很多父母还会选择"盲目鼓励"的方式逼迫孩子去尝试。在父母的强迫下，孩子或许会因为父母的威势选择了妥协，但他们内心的恐惧还是没有被战胜，等到下次，下下次，他们仍然不敢主动尝试。

比如，当孩子想要放弃的时候，父母不要一味地鼓励"试试，你一定行"或者"你很勇敢，你可以的"等，这样做孩子可能更加恐惧，因为他们害怕做不到会令父母失望，而且如果在被动尝试后仍然失败的话，他们的自尊心会更加受挫。

面对孩子的害怕，父母不应该嘲笑他们"胆小"，嘲笑他们"没出息"，也不要盲目鼓励、逼迫他们去尝试。当孩子说害怕而不敢去尝试的时候，父母可以给他们一点儿时间。安慰情绪，静观其变，才能更好地帮助孩子。

多给孩子一些适应的时间

当孩子害怕做某件事的时候，父母不要强迫他立刻做到，而是应当给孩子一些时间去适应。父母也不要立刻就让孩子放弃，而是要耐心地多鼓励孩子几次。

为孩子提供锻炼的机会

    在日常生活中，父母就要注意给孩子提供锻炼的机会，鼓励孩子多与外界接触，多与人交流，从一点一滴的小事开始尝试，开阔眼界，提升自信心。

孩子因为失败沮丧，理解他的心情

　　沮丧，是我们无法接受失败时出现的一种正常情绪反应。对于因为失败而沮丧的孩子而言，重要的不是空洞的激励和赞赏，而是有一个人能够理解他的伤心难过，体谅他的心情。

场景回放：

　　鹏鹏比赛输了很沮丧，妈妈安慰道："没关系，这有什么的？友谊第一，比赛第二嘛！"鹏鹏难过道："可我们训练了那么久，就因为几次失误……"妈妈轻松地说道："没关系啦！下次比赛好好打就行了。"鹏鹏沮丧地趴在沙发上，动都不想动……

这有什么的？下次好好打就行了。

今天篮球比赛，我们队输了。

案例解析：

当孩子因为失败而沮丧时，他们会感觉到非常孤独和没有安全感，这时父母应该耐心地和孩子沟通，理解孩子的心情，再帮助孩子慢慢消除负面情绪。

比如，莉莉很喜欢弹琴，也弹得很好，有次参加比赛，却没有取得好名次，莉莉感到万分沮丧。妈妈安慰道："妈妈知道你很难过，妈妈也很难过。"莉莉伤心地对妈妈说："我已经很努力了……"妈妈抚摸着莉莉的头说："我当然知道，我还知道你难过不是因为自己没取得名次，而是因为没有为学校争得荣誉。"发现妈妈如此理解自己，莉莉似乎觉得心里好受了些。

莉莉又问："妈妈，我真的弹得很好吗？"妈妈毫不迟疑地说："当然，你就像个音乐小精灵一样。""那为什么评审老师不喜欢我呢？"莉莉问道。"莉莉，不是因为你不够优秀，而是因为优秀的人太多了，舞台不可能永远属于一个人，这次比赛每个人都拿出了自己的最高水平，所以竞争更加激烈，而且评审老师也会有自己的喜好。你不必伤心，只要你愿意继续努力，妈妈相信你早晚有一天会实现梦想的。"妈妈解释道。听了妈妈的话，莉莉似乎又找回了信心，尽管情绪依然不高，但已经不再那么沮丧了。

莉莉因为比赛没有取得好名次而沮丧，妈妈首先表现出她和莉莉一样难过，然后再让莉莉知道，一个人不可能永远在舞台上光彩夺目，必须继续努力，才能实现梦想。

当孩子因为失败而陷入沮丧之中时，作为父母，千万不要忙着寻找孩子失败的原因，或者一味地激励孩子，而是要真正地理解他们，走进他们的心里。

我知道你很难过，妈妈也很难过……

妈妈，我已经很努力了……

理解孩子的难过

　　当孩子因为失败而感到沮丧难过的时候，父母不必急于劝慰孩子摆脱糟糕心情，而是要先理解孩子的难过，与孩子共情。因为当孩子处于这种消极的情绪状态中时，他很需要父母情感上的接纳和体谅。只有让孩子感觉到父母正在和他一起面对这些"失败"时刻，才是对孩子最大的慰藉。

表扬做得好的地方

　　父母要让孩子看到自己虽然输了，但也有值得骄傲的地方。表扬孩子在失败过程中做得好的地方，可以让孩子感受到不管成功还是失败，父母都会在孩子身边理解和爱护他们。

孩子受到负面评价，要做支持者和鼓励者

孩子在成年之前，很容易受到外界评价的影响，尤其是负面评价。当孩子被贴上负面标签时，父母如果没有及时引导和支持孩子，孩子往往会活在负面评价的阴影下，变得过度在意别人的看法，变得脆弱、敏感又自卑。

场景回放：

乐乐情绪低落，妈妈关心地问道："我们家乐乐怎么不开心了？"乐乐说："幼儿园的小朋友说我长了个大蒜鼻子。"妈妈立即说道："别听他们瞎说，你的鼻子挺漂亮的啊！妈妈就喜欢你这个样子。"乐乐仍然不甘心地问："妈妈，我的鼻子真的像大蒜吗？"

别听他的，你的鼻子挺漂亮的！

妈妈，幼儿园的小朋友说我长了个大蒜鼻子.

案例解析：

当孩子因为受到负面评价而难过时，父母就算说再多遍"我不觉得"也无济于事，孩子仍然会对别人的负面评价耿耿于怀。

被同学嘲笑发型难看，被朋友吐槽皮肤太黑，被老师批评作业不够整洁，被陌生人指责没礼貌，被父母批评笨手笨脚等等，这些生活中的负面评价，都会让孩子情绪低落。

在批评中长大的孩子，总是会下意识地将父母对自己的否定、指责内化为自我怀疑，长大后就会对他人的情绪和态度非常敏感。这样的人很容易把别人无心的话，解读成对自己的负面评价，由此变得自卑、脆弱、患得患失。

当孩子因为别人的负面评价而情绪低落时，父母要及时鼓励孩子，让他们感受到父母的关心和支持，并引导他们正确看待别人的评价。比如当孩子觉得自己眼睛小，很丑的时候，父母可以回答："美是多样化的，不是所有人都要长成大眼睛双眼皮的样子才叫美。"这样，孩子也会真心觉得眼睛小不是什么问题。

当孩子受到别人的负面评价时，父母不妨引导孩子正视自己的不完美，让孩子接受自己的缺点，也认识自己的优点，从而更加全面客观地认识自己，这样孩子才会变得越来越有底气，父母的支持和鼓励也才会更有力量。

允许孩子与众不同

每个孩子生来都是独一无二的，父母不仅不要因为孩子的"与众不同"而紧张，而且还要学会保护孩子身上的独特性。父母要学会引导孩子勇敢面对自己的与众不同，让孩子接受它、利用它、完善它，闪烁属于自己的独特光芒。

引导孩子改变能改变的

正确的自我评价不仅包括自我接纳，还包括自我完善。对于先天不能改变的，父母要鼓励孩子学会接纳。但对于那些可以改变的，父母则要鼓励孩子积极改变，从而不断完善自己。

第四章

当孩子拖拉
磨蹭，慢引导不催促

停止催催催，尊重孩子的做事节奏

父母总是嫌孩子做事慢，却忘了许多自己已经非常熟悉的事物，孩子可能是第一次接触。面对新鲜事物时，孩子需要一个学习和了解的过程，父母要学会放慢脚步，保持足够的耐心，理解孩子的认知力和行动力的局限性，尊重孩子的做事节奏，给孩子慢慢学习的时间。

场景回放：

每天早晨，浩浩家里都在上演着一场催促大战，"快起床！穿衣服怎么这么慢！""快刷牙，挤个牙膏要那么久？""快出门，穿鞋子能不能快点儿？""快！快！快！"对于妈妈的唠叨声，浩浩就像没听见一样……

案例解析：

　　父母催促孩子的场景每天都在上演，早上催促孩子快点儿起床，吃饭的时候催促孩子抓紧吃饭，放学后催促孩子赶紧写作业，写完作业又催促孩子早点儿去睡觉……父母总是嫌孩子做事太慢了，却没想过，这其实是父母在拿成年人的标准来要求孩子，父母习惯了成年人世界的快节奏，便下意识地想让孩子也跟上自己的节奏。

　　然而，孩子和大人的生活节奏、生理节奏都是大不相同的。孩子有自己的节奏，于孩子而言，往往顺应他们自己的节奏时才会更舒服。如果经常被父母催来催去，孩子就会质疑自己的节奏，以为是自己出了问题。如此一来，孩子要么逐渐向父母看齐，变成一个同样焦虑的人，要么以一种更为拖沓的方式表达对父母的不满。

　　尊重孩子的做事节奏，需要父母减少自身的恐惧和焦虑情绪。父母可以尝试和孩子一起放慢节奏去生活，比如，让孩子尽情地在浴盆里跟小鸭子玩耍；在餐桌上与食物消磨时光；回家的路上对着天空发呆，观察蚂蚁搬家，查看蜘蛛结网……这些在父母眼中的"慢"，往往正是孩子的乐趣所在。

　　尊重孩子的做事节奏，需要父母保持足够的耐心和从容的心境。让孩子根据自己的节奏去吃饭、穿衣，会帮助他们了解自己是谁，要做什么；让孩子用自己喜欢的方式玩耍，可以帮助他们把事物形象化、概念化。尊重孩子的做事节奏，可以帮助孩子形成对自我及对世界的认知。那么，具体该怎样做，父母们不妨参考下面的沟通建议。

多用鼓励句，少用否定句

当父母想要催促孩子的时候，不妨把催促的内容用鼓励的话说出来，将否定句式换成"我喜欢……""我希望……"等。这样父母才能不把自身的焦虑情绪传染给孩子，孩子也会感受到父母对自己的期待，从而增加行动的积极性。如果是很着急的情况，父母也可以如实告诉孩子原因及后果，让孩子认识到时间紧迫，让孩子自觉主动地加快速度。

给孩子足够的时间

孩子需要足够的时间来尝试新事物、制订计划、找到解决方法、练习新技能、思考所观察到的一切。父母要给孩子足够的时间，尊重他的节奏，允许他慢慢来，总有一天，他会做得很好。

用积极的语言代替"我们快迟到了"

孩子到了快上学的时间，但就是不肯起床，很多家长的第一反应往往就是一遍遍地提醒孩子"我们快迟到了"，然而这句话不仅不能让孩子加快速度，而且还极有可能引起孩子的反感。

场景回放：

周一早晨，妞妞因为实在太困，起床动作非常缓慢，而且做一个动作就发会儿呆，妈妈看在眼里急在心里，提醒了两次无果后，开启了催促模式："妞妞，再不快点儿就要迟到了！""你想迟到吗？""妞妞，快点儿啊，再不快点儿真要迟到了！""如果迟到了会被老师批评啊！"

终于，妞妞在沉默中爆发了："妈妈，你不要再说迟到了，迟到了，我不想迟到！你不要老吓唬我好吗？"

> 妞妞，快点儿啊，再不快点儿真要迟到了！

> 妈妈，你不要再说迟到了，迟到了，好烦！

案例解析：

父母只是想让孩子加快速度，却下意识地选择了反向的表达方式。"我们快迟到了"这种表达方式仍然出于"惩罚"的心理机制，想要通过可能到来的"惩罚"让孩子长记性，但是当父母进行负向表达的时候，也会给孩子进行负向强化，反而得不偿失。

不要再说"我们快迟到了"这样具有消极意味的话，父母可以尝试用更加积极、正面的说法来引导孩子抓紧时间。比如"我们现在就出发，可以准时到达目的地哦！""我们五分钟之内出门，就不会迟到哦！"这样就可以让孩子感受到希望和喜悦，而不是焦虑和压力。

大量研究表明，提示孩子严重后果的"威胁"，其实作用并不明显。即使父母并没有夸大迟到的后果，但只要让孩子感受到威胁，他们就会很容易选择逃避。所以，与其吓唬孩子"快迟到了"，不如采用积极的语言，多表达一些鼓励和期待。

让孩子当一次闹钟

父母可以试着跟孩子互换一下角色，比如让孩子负责叫父母起床。这样孩子往往会因为被信任，自觉责任重大，从而改变拖沓的习惯。

跟孩子一起制订计划

当孩子具备基本的生活自理能力之后，父母可以尝试跟孩子一起制订计划，比如早上几点起床、刷牙、洗脸、吃饭，晚上几点洗漱、睡觉等。父母可以与孩子一起制订计划，让孩子积极参与管理自己的时间，并对自己的行程做好规划。

和孩子聊聊"明天再做"的后果

　　不少孩子做事没有计划，习惯于将今天的事情推到明天，明天的事情拖到后天，还总有一堆理由。面对孩子拖延的习惯，父母不妨和孩子好好聊一聊今天的事拖到明天再做的后果。

场景回放：

　　牛牛做作业总是拖拖拉拉，一会儿说："时间还早呢，我先玩会儿。"一会儿说："写得有点儿累了，我看会儿电视放松一下。"一会又说："我饿了，写不动了，我先吃点儿东西吧！"就这样，眼看着假期快要结束了，牛牛的作业却越积越多……

> 还没做完？看来又要拖到明天了！明天可是假期最后一天了啊！

> 拖到明天怎么了，反正还有一整天时间呢！

案例解析：

生活中，很多孩子都喜欢拖拖拉拉，动不动就说"等一下再做""有空再做""明天再做"，这其实是孩子在找借口拖延。

事实上，喜欢拖延的孩子，在拖延成功后，也并不会觉得轻松，因为他们无论在玩还是在休息，都会在心底记挂着没有完成的事情，最终导致玩也玩不好，休息也休息不到位，还白白浪费了时间。这种时候，父母与其不停地催促，不妨坐下来和孩子好好聊一聊，为什么今天的事情不能拖到明天再做。

比如，妈妈对孩子说："今天的事情拖到明天再做会很麻烦的。"孩子问："能有什么麻烦？明天还有的是时间呢！"妈妈说："但是你一直这样拖延，拖到最后来不及了，你就会开始慌乱，影响心情不说，完成的质量也没法保证。"孩子又说："可我现在还不想做啊，能不能晚点儿再做？"

妈妈回答道："如果你总是拖延，就很容易让自己的事情越积越多，无形中就会给你带来很大的压力和心理负担，玩也玩不痛快。"孩子不吭声了，妈妈继续说道："能及时完成任务，其实是一件很开心的事情，它会让你在说话做事时变得更有条理，那时你就会发现，即使很短的时间，你也可以顺利完成许多事情。"

用孩子能够理解的话语，多与孩子聊聊"今日事明日再做"的危害，让孩子亲身体验及时完成任务时的愉悦感，帮助孩子养成良好的学习、生活习惯，这样不但能够帮孩子克服拖延的习惯，节省孩子的时间，还能培养孩子当机立断的办事风格。

设定完成时限

　　做任何事情，父母都可以给孩子设定一个明确的完成时限，让孩子在规定的时间段内完成任务，从而形成一种紧迫感，进而提高孩子做事的效率。如果孩子当天完不成任务，可以考虑把孩子第二天期待的活动取消，让孩子知道，做任何事情都不能拖拉，今天的事情必须今天做完，否则就会影响到明天的安排。

鼓励一次完成

　　父母在平时就要教育孩子认真对待每一件事，无论做什么，都要尽量第一次就做好，以免返工或者重做，从而浪费更多的时间。

缺乏时间观念的孩子，注定拖沓

有学者曾指出，孩子由于年幼，对时间既不太理解，感知度也不强，所以才会出现写作业拖沓，吃饭也磨蹭等问题。很多时候，孩子并非有意拖延，而是因为缺乏时间观念。

场景回放：

小雅一回家就钻进了房间写作业，可是九点妈妈来检查的时候，却发现她的作业才写了一点儿，妈妈生气地说："这都快两个小时了，你才写了这么一点儿，你在磨蹭什么呢？"小雅诧异地说道："这么快？我怎么一点儿感觉都没有。"妈妈说："是啊，都要准备睡觉了！"

已经九点了，怎么才写了这么点儿？

九点了？怎么这么快？

案例解析：

　　孩子总是无法在规定时间内完成作业，明明一个小时就能写完的作业，非得磨蹭到几个小时，父母往往急得团团转，孩子却依然不慌不忙……也许很多家长会认为孩子拖拉磨蹭，是意志力不强、懒散的缘故，但其实孩子拖延的主要原因是缺乏时间观念。

　　时间是个抽象的概念，它看不见摸不着，孩子对时间的概念自然就很模糊。瑞士心理学家让·皮亚杰认为，不同发展阶段的儿童对事物认识的深度有所不同，十二岁以后孩子的抽象思维能力和逻辑思维能力才能得到充分发展，在此之前，孩子只会对具体、形象的事物产生反应。因此，对于幼小的儿童，将时间具象化，有助于他对时间的理解。

　　比如，父母可以通过教孩子使用钟表、日历的方式，让孩子对时间产生初步认识。在平常的对话中，父母也可以使用一些具有时间概念的词语，将时间和生活中的事情联系起来，像对孩子说："我们星期六要去上舞蹈课""周一就要开学啦""早上别忘了喝牛奶哦"等等。

　　英国著名博物学家托马斯·亨利·赫胥黎认为，时间最不偏私，给任何人都是二十四小时；时间也最偏私，给任何人都不是二十四小时。如果父母能在早期的家庭教育中，让孩子养成良好的时间观念，就等于给了孩子一笔巨大的人生财富。

宝贝，把你的舞蹈鞋找出来，我们周六要开始上舞蹈课了。

好的妈妈，周六是什么时候？

让孩子感受时间的长短

孩子没有时间观念，父母可以通过具体的事情让孩子感受时间的长短。比如，父母可以通过让孩子计时刷牙三分钟、写作业一小时、看动画片半小时等方式，让孩子逐渐了解时间的长短。

送给孩子一个沙漏

对孩子而言，沙漏既是玩具，又是一个可以帮助他理解时间概念的计时器。把沙漏和时钟放在一起，让孩子感受沙子的流失，就像时间在流逝，让孩子对时间有一个基本的概念，从而学会珍惜时间。让孩子做一些事情的时候，也可以通过沙漏来计时，让孩子在感受沙子流失的过程中，调整做事的节奏。

当孩子说"我做不到"，这样鼓励才有效

很多家长都会抱怨，每次想让孩子去做一件事，孩子总是推说"我做不到"。其实，很多孩子并不是做不到，而是受到了父母"压力式"鼓励的影响，不想再去挑战自己了。

场景回放：

芊芊放学回家，妈妈问："这次测验考了多少分啊？"芊芊回答："九十六分。"妈妈又问："你们班有几个考到一百分的？"芊芊回答："五个。"

妈妈鼓励道："继续努力，争取下次你也能考到一百分。"芊芊说："我可考不到。"妈妈说："别人能考到，你怎么就不能考到？而且你还没试呢，就知道自己做不到？"

案例解析：

　　芊芊总习惯把"我做不到""我不行""我不会"挂在嘴边，妈妈常抱怨芊芊心态不好，却忽视了芊芊有如此心态，很可能是自己的不当鼓励造成的。很多时候，父母的"乱"鼓励反而是在消耗孩子的信心。

　　正确的鼓励是建立在正确的价值观上面的，而不是无论孩子做对做错，能不能做到，父母都用"鼓励"去敷衍或督促他们。很多时候父母的一句"你一定可以的"或者"别人能行，你为什么不行"，不仅不能成为孩子前进的动力，反而会成为压垮孩子的最后一根稻草。父母总是"鼓励"孩子，却忽略了他们的感受，所以越是鼓励，孩子反而越没自信。

　　意大利幼儿教育家玛利亚·蒙台梭利认为，孩子都是热情的观察者，非常容易被成人的言语行为所影响。当父母感受到孩子不自信、退缩的时候，父母不仅要给予肯定的鼓励，还要引导孩子学会正向思考，以积极的心态面对困难。

　　当孩子说"我做不到"的时候，父母要做的不仅是给孩子信心，更要引导孩子正向思考。比如，当孩子不敢荡秋千时，父母可以这样说："虽然这一次你不敢去尝试，但并不代表你胆小，你只是没有做好心理准备，我相信下一次你一定可以的。"如果父母总是给予孩子肯定，那么孩子就能避免负面情绪的干扰，在下一次面临困难的时候，会主动想着去尝试，而不是推脱说"做不到"。

✳ 注重鼓励孩子的过程，而不是结果

　　只是一味地鼓励孩子，告诉他们"你能行"，也会产生一定的负面影响。长此以往，孩子有可能会认为自己是"天赋型选手"，不再愿意付出努力，最终导致能力日渐下降。而父母肯定孩子付出的努力，肯定孩子努力的过程，才会真正激励孩子加倍努力。

帮孩子拆解有难度的任务

当孩子面对较为复杂的任务时，难免有畏难情绪，父母不妨帮孩子把复杂的大任务拆解成易完成的小任务，鼓励孩子一个个去完成。面对分解后的小任务，孩子的心理负担也会减轻很多，他们的积极性和主动性也更容易被调动起来。

学会抓大放小，越干涉孩子越拖延

　　孩子起床穿衣服磨磨唧唧，父母就帮他穿；孩子吃饭磨磨蹭蹭，父母就连催带喂；孩子收拾玩具一个多小时没收拾完，父母就代他收拾……如果父母总是事无巨细地什么都管，孩子不仅失去了锻炼的机会，还会觉得这些事情不是他自己的事情，父母让他做的时候，他自然能拖则拖。

场景回放：

　　平平妈妈在对待孩子方面非常注重细节，只有平平按照自己的要求来，她才会觉得心安。就做作业这件事，妈妈会严格要求平平先做数学后做语文，如果平平没有按照要求来做，就会被妈妈批评。

　　妈妈还规定平平看电视只能半小时，到时间不管平平怎么哀求，多一秒钟都不行。然而妈妈却发现，平平越来越不听话，越让他干什么他越拖延……

案例解析：

生活中，不少父母总觉得孩子还小不懂事，便不肯放手让孩子自己去做，事无巨细，样样过问。又或者，无论孩子做什么，父母都要在旁边喋喋不休："你这样不行，那样才可以""你应该这样，不应该那样"。久而久之，孩子就会觉得自己什么事都做不好，还会产生逆反心理，父母越是让做什么，孩子就越拖着不做。

越干涉孩子越拖延，教育孩子，要想达到事半功倍的效果，父母可以选择"抓大放小"。即遵循大的原则，在细碎的事情上放宽松，给孩子一定的自主空间。这样一来，原则性问题坚决不妥协，细节问题父母以身作则，孩子开心，父母也不用那么累。

如果父母想让孩子吃一个鸡蛋，就不必命令孩子一定要吃煮鸡蛋，鸡蛋的吃法可以让孩子自主选择，只要孩子最终吃了鸡蛋就行了。

生活中与孩子有关的事那么多，父母只要把握大方向，剩下的无关紧要的小事，完全可以放手让孩子自己去做。

那么，父母具体应该如何做呢？

帮孩子做事只做一半

父母帮孩子做事只做一半，剩下的留给孩子自己动手做，既能起到一个示范的作用，又能帮助孩子树立责任意识。父母帮孩子做事只做一半，孩子就会深刻感受到做与不做的区别，也会体会到父母的付出和辛苦。

细节问题让孩子自己把控

　　过于严格把控细节会消耗孩子和父母过多的精力，这样应该花费精力的事情就没办法做好，以致本末倒置。其实，父母只需要说清楚规则，直接验收成果即可，至于细节问题完全可以交给孩子自己去处理。

第五章

当孩子任性
固执，尊重但不放纵

拒绝孩子乱花钱，也别用"家里穷"为借口

　　"家里穷"是很多父母用来教育孩子的一句口头禅，看似想让孩子懂得节俭，不乱花钱，其实很容易让孩子变得自卑，缺乏安全感，并形成错误的消费观。

场景回放：

　　小喆跟妈妈逛商场，当走到一个卖玩具公仔的橱窗跟前，小喆十分喜欢，便央求妈妈购买，妈妈推脱说："这个玩具太贵了，家里穷，买不起。"小喆嘟着小嘴，委屈极了。

家里穷，买不起。

妈妈，给我买那个玩具吧，我好喜欢！

案例解析：

　　生活中，有些父母在孩子提出一些购买需求的时候，往往并不直截了当地拒绝孩子，而是用"我们家穷""家里没钱""买不起"这样的借口，来委婉表达拒绝孩子的意思。父母以为这样回答，既可以巧妙地拒绝孩子不合理的购买需求，又可以激励孩子自力更生，不让他们养成骄奢的生活习惯。然而，事实并非如此。

　　如果父母经常对孩子说"东西太贵，家里没钱买不起"，孩子就会慢慢认定这样的事实。即使遇到自己非常喜欢的商品，也会过早懂事地选择不告诉父母，并压抑自己的正常需求，甚至形成过分关注价格的消费习惯，失去生活原本的乐趣和美好。

不行，这个太贵了，你别给我弄坏了。

这个玩具可以借我玩一下吗？

　　如果从小生活在"家里穷，买不起"的言语阴影下，孩子也很容易变得自卑。即使将来走进社会，知道家里并没有以为的那么穷，孩子也会很容易缺乏自信，甚至在无形中觉得自己低人一等。除此之外，孩子还会变得比较小气，因为觉得自己的东西太珍贵了而不想和别人分享，这对孩子的人际交往也会产生很大的负面影响。

　　如果不想让孩子乱花钱，又不能说"家里穷"一类的理由，而给孩子讲道理他又听不进去的话，父母要怎样做才能培养孩子不乱花钱、不乱买东西的习惯呢？

说"不够"不说"没有"

当遇到因为商品价格太高超过了购买力，或者不想放任孩子乱买东西的时候，父母完全可以换个说法来拒绝孩子。比如，我们现在钱不够，但是爸爸妈妈正在努力赚钱，我们一起努力，等赚够了钱再给你买……这样的效果会好很多。

作为任务奖品

当孩子提出不合理的购物需求时，父母不妨和孩子订立一个目标任务，如果他做到了，就作为奖品买给他。如果孩子是真心想要就会去全力完成任务，如果只是一时兴起就会慢慢打消购买的念头。

孩子吃零食，避免讲道理

生活中经常会出现这样的场景，父母一遍又一遍苦口婆心地给孩子讲吃零食的各种坏处，而孩子压根听不进去，亲子之间常常因为零食而爆发家庭战争。零食对于孩子而言，是难以抵御的诱惑，但在很多父母眼里，零食却犹如洪水猛兽，孩子最好别吃。

场景回放：

瑶瑶想吃零食，妈妈觉得还没吃饭就吃零食可不行，于是就问瑶瑶："你可以选择现在吃半包零食，或者选择吃完晚饭后再吃一包零食，晚上可有你最爱吃的排骨！"谁知瑶瑶一点儿也不买账，想也不想就说："先吃零食，再吃排骨！"

妈妈耐心地跟瑶瑶讲道理："吃了零食，你就吃不下排骨了。"瑶瑶自信地说道："我肯定吃得下，肚子撑一撑没事的。"听到这话，妈妈一时间不知道该说什么……

> 吃了零食，就吃不下排骨了。

> 我肯定能吃得下！

案例解析：

　　父母从孩子的健康角度考虑，阻止孩子吃零食确实是有正当理由的，但是如果一味地跟孩子说"零食没有营养""零食不健康"一类的大道理，孩子往往不会买账。而且，孩子的成长是多方面的，饮食健康很重要，心理健康也同样重要。

　　其实，父母完全没必要谈"零食"色变，因为零食并非只有坏处。只要能在食用的时候有所节制，零食对健康的影响其实并不大，而且还能在三餐之外补充营养和能量。孩子的胃容量很小，运动量却大，新陈代谢也快，只有三餐很多时候并不能满足孩子的身体需求，而合理的零食摄入往往可以起到锦上添花的作用。

　　面对孩子吃零食这件事，父母不仅可以给孩子选择零食的种类，控制摄入量，还可以限定孩子吃零食的时间。具体要如何做，父母不妨参考下面的方法。

选择健康的小零食

父母可以给孩子准备一些天然、健康的零食，比如孩子喜欢的各种水果、坚果、烤红薯等，当孩子的零食选择多了，就不会执着于一两种垃圾食品了。

控制零食的食用

　　孩子在两餐中间吃点儿零食可以补充能量。但是父母要避免孩子在餐前吃零食，并且吃零食的时间要与吃正餐的时间隔久一点儿，而且要控制好食用量，不能太多。另外，父母在孩子吃完零食后，要记得提醒孩子刷牙、漱口，保持口腔健康。

孩子不愿意开口打招呼，别强迫

生活中我们经常见到一些父母，只要是碰到熟人，就会强迫孩子跟对方打招呼，如果孩子不愿意，父母还会严厉地责怪孩子。父母的这种做法不仅伤害了孩子的自尊心，而且孩子以后见到熟人也只会产生"躲"的想法。

场景回放：

图图和妈妈乘电梯的时候，偶然遇见了邻居张阿姨。张阿姨热情地跟图图打招呼："图图你好啊。"图图低着头没吭声，妈妈在后面推了推他，并催促道："快说阿姨好啊！"图图扭了扭身子，往妈妈身后躲去。

妈妈有点儿尴尬，只好说："这孩子太害羞了。"张阿姨连忙说："没关系，没关系。"等到张阿姨走远了，妈妈气呼呼地把图图从身后拽出来，厉声问他刚才为什么不说话，图图委屈地哭了起来……

> 快叫阿姨好啊！

案例解析：

有些父母经常会被孩子在熟人面前忸忸怩怩、不打招呼的行为激怒，因为这会让他们觉得自己没有管教好孩子，有损颜面。恼羞成怒下，这些父母就会责骂孩子不懂事、没礼貌，并试图逼迫孩子开口。

然而，强迫的结果是，孩子非但没有因此变得落落大方，反而更加胆小怯懦、沉默寡言，有的孩子甚至还会产生强烈的逆反心理，变成"你越是让我开口，我就越不说"的状态。所以，作为父母，不要不问青红皂白上来就逼迫孩子打招呼，那样只会让父母与孩子的距离越来越远。

如果孩子不想跟别人打招呼，难道父母就要放任不管吗？当然不是。我们一直说要尊重孩子、接纳孩子，并不是说要对孩子的任何行为都全部接受。真正尊重和接纳的是孩子的感受，而不是行为，父母要在尊重孩子感受的基础上，引导孩子积极地回应。

当孩子不愿意打招呼的时候，父母可以这样说："每个人都有自己喜欢和讨厌的人，对讨厌的人可以少交往，但保持基本的礼貌还是必要的。如果因为心情不好而不想开口，那么你可以独处一阵，调节心情，但是如果必须见人，还是要调整好自己的心态，礼貌待人。"

妈妈知道你今天心情不好，不太想说话是不是？你只要打个招呼就可以回房间去了，这是一种礼貌，你可以试一下吗？

好的妈妈，我试试.

具体示范打招呼的方式

　　打招呼的方式并非只有"你好""吃饭了吗"这种常规模式，父母可以主动给孩子示范一些不同的方式，让孩子知道打招呼不仅仅是一种礼貌，还是一种情感的交流，比如邻里之间，亲朋好友之间，一两句简单的寒暄，就可以拉近彼此的关系。父母示范的次数多了，孩子自然就能慢慢领悟其中的窍门。

认真介绍孩子与对方认识

　　如果想让孩子认真打招呼，父母就要郑重介绍孩子与对方认识。当孩子觉得父母足够尊重自己，加上父母的介绍也加深了孩子对对方的了解，孩子往往会更乐意与对方打招呼。

孩子哭闹耍赖，也别威胁

日常生活中，很多家长总喜欢把 "你再……我不要你了" 这样的话挂在嘴边，却没意识到自己的一句负气之言，可能会对孩子产生巨大的伤害。

场景回放：

商场里，跳跳想要买一个玩具，妈妈坚决不同意，跳跳不依不饶，而后大发脾气。妈妈也很生气，便冲着跳跳吼道："你再不听话，我不要你了！"跳跳哇的一声就哭了……

案例解析：

"你再不听话，妈妈就不要你了""你再不睡觉，大灰狼就要来吃你了""你再哭闹，就带你去医院打针"……很多父母都喜欢用"恐吓"的方式来管教孩子。然而，威胁恐吓的教育方式真的有用吗？

某种程度上来说，它确实能起到立竿见影的效果，它会让孩子紧张害怕，让孩子乖乖听话。可是，被恐吓的孩子的感受又会是什么样的呢？

有学者指出："人产生恐惧后，心理会失衡，即使这种恐惧得到缓解，其产生的影响并未消除，只是被埋藏在了潜意识中。"经常被父母恐吓的孩子，长大后大多自卑、逆反、记仇、缺乏安全感，并且难有大成就！

当孩子因为想看电视，在家大哭大闹时，父母其实可以这样说："我们先去找一找你的小汽车，我们跟它们玩一会儿，然后我们再去看半小时电视怎么样？"或者说："你可以选择看一小会儿电视，也可以选择跟妈妈去院子里，找其他小朋友玩小汽车哦！"像这样以结果为导向的正向激励，以正面承诺取代负面威胁的方式，往往更有说服力。

作为父母要明白，教育的目的并非让孩子害怕，而是希望孩子能够认识到自己的错误并及时改正。威胁和恐吓只能换来表面上的风平浪静，孩子的内心可能早已孕育着不安的种子，随时都会掀起惊涛骇浪。其实，以成年人的阅历和经验，父母总能找到合适的方法去管教孩子，根本无须采用暴力的方式来解决问题。

> 我们先跟你的小汽车玩一会儿，然后再去看半小时电视怎么样？

> 我要看电视！

> 玩具箱

和孩子谈判

谈判是一种典型的非暴力沟通方式，和孩子谈判，父母要注意把双方放在平等的位置上，在相互尊重的基础上，建立起一种合作关系。如果父母压根就不把孩子的需求放在眼里，合作的关系便无从谈起。谈判的目的是要使谈判双方都觉得满意，所以妥协是必要的。比如，为了让还在玩的孩子回家，妈妈可能要妥协，让孩子再玩十分钟等等。

用游戏说服

　　父母可以在平时多留心孩子喜欢的事物，然后尝试通过游戏的方式来说服孩子。父母这种给予孩子足够耐心和爱护的说服方式所达到的劝说效果，肯定要比威胁恐吓好得多。

有些小事，让孩子自己做主

一般来说，孩子三周岁以后，就会产生独立意识，这是父母培养孩子自主能力的好时机。对于孩子有掌控能力的小事，父母应尽量少插手，放心大胆地让孩子自己做主。

场景回放：

文文和妈妈在逛商城，妈妈想给文文买一条裤子，妈妈挑中了一条料子厚实的裤子，觉得穿着很暖和，款式也很新潮，应该是文文这个年龄段的孩子喜欢的样子，但是文文却并不喜欢。

于是妈妈就从各个方面说服文文，最终文文不得不妥协，但是那条裤子自从买回来后文文就一直没穿过。妈妈问文文为什么不穿，文文回答："那是你喜欢的，又不是我喜欢的。"

> 给你买的那么好的裤子怎么不穿？

> 那是你喜欢的，又不是我喜欢的。

案例解析：

　　很多父母对孩子的照顾可谓无微不至，孩子穿什么衣服、吃什么东西、多久喝一次水、上学带几支铅笔等诸多小事，父母都要帮孩子决定。这往往导致等孩子长大以后，需要自己做决定时，会表现得手足无措。

　　父母只有把决定权交还给孩子，尤其是无关紧要的小事，让孩子学会自己做主，孩子才会逐步拥有主动性。孩子的决定或许是不成熟的，甚至是错误的，但只要没有伤害到自己和他人，父母就应该尊重。每一天都有需要孩子决定的事情，父母也只有让孩子从小做决定，他才会拥有自己做决定的意识和能力，也才会在以后面对人生重大选择的时候，做出最合理的决定。

　　父母应当保护孩子的权利意识，给孩子足够的尊重，并且让孩子知道"你可以决定这件事"。和孩子有关的"小事"都可以交给孩子自己安排，比如过生日请哪些小朋友，自己的玩具要不要送给来家里做客的小朋友等。而和孩子有关的"大事"，父母也可以给孩子提供参与的机会，比如孩子的卧室如何布置，只要孩子的方案可行，父母都应当尽量采纳孩子的建议。

　　让孩子自己做决定，哪怕只是生活中的小事，都会给孩子带来无与伦比的成就感和满足感。父母让孩子做决定，就不要考虑自己是否满意，而是看孩子是否满足。那么，具体该如何做，父母不妨参考以下的方法。

你的卧室想要什么样的窗帘？

有没有带小花的？

把决策权还给孩子

　　不同年龄段孩子的行为认知、生活经验各不相同，父母要有选择地让孩子做主。幼儿阶段，父母可以让孩子决定穿哪一件衣服，玩哪种游戏，如果孩子决定不了，父母也可以给孩子提供几个选项，帮助孩子做出决定。对于已经上学的孩子，父母可以让他们自行处理课余时间如何分配的问题，父母只需要给孩子一个明确的目标，让孩子自己决定用哪种方法达成目标。

给孩子"制造"些小麻烦

父母可以偶尔给孩子，有意无意地"制造"些小麻烦，比如东西找不到让孩子帮忙找；故意将一些小事办砸，让孩子帮忙……这样既能锻炼孩子的应对能力，也能让孩子减少依赖，从而培养责任意识。

> 你最喜欢的那件小花衣服好像找不到了，你可以帮妈妈找一下吗？

> 好的，妈妈，我来帮你。

孩子总是顶嘴，试试"棉花法则"

有学者指出，对于孩子做出的行为，不要着急给予评价，因为父母的一句评价很可能会招来孩子一系列的反驳，父母可能刚说一句，孩子早就有十句等着了。面对孩子的顶嘴行为，父母不妨试试"棉花法则"，给孩子留出足够的冷静期。

场景回放：

牛牛坐在沙发上看动画片，妈妈看见了训斥道："怎么还在看电视，作业写完了吗？"牛牛说："等会儿再写，让我再看会儿。"妈妈急了："让你去写作业就去写作业，怎么这么不听话呢？"牛牛不满道："为什么什么事都要听你的，我今天能把作业写完不就行了。"

妈妈催促道："赶紧去写，我这可都是为你好！"儿子反驳道："为我好？你们睡了，我就得睡，你们醒了，我就得跟着醒，在家待着嫌我烦，出门玩又嫌我花钱，不说话就是哑巴，一说话就是跟你们顶嘴，看电视玩手机眼睛会瞎，看书写作业眼睛就不会瞎……"

> 你这孩子怎么这么不听话？

> 为什么什么事都要听你的？

案例解析：

孩子顶嘴，很多父母都觉得这是一种缺乏教养的行为，所以孩子一旦顶嘴，父母就气不打一处来，然后忍不住数落孩子。殊不知，很多时候，孩子跟父母顶嘴，其实只是孩子表达内心看法的一种方式，孩子不能像成年人表达得那么委婉妥帖，所以才会给人一种顶撞的感觉。

有心理学家认为，能够同长辈进行争辩的孩子，在成长的过程中往往更具有潜质。爱顶嘴的孩子，很多都具有较强的逻辑思维能力和语言表达能力，而且他们的责任意识、担当意识更强。当孩子和父母顶嘴，其实也说明孩子与父母之间是没有心理距离的，而争辩不过是一种交流沟通的方式而已。爱顶嘴、不听话的孩子很多时候比那些默不作声的孩子更阳光乐观。

当孩子顶嘴时，最易造成不良影响的其实是父母的暴脾气，因为这样，孩子要么会心生恐惧，万般委屈憋在心里不敢言语，要么就会产生逆反情绪，变成一只"小刺猬"，见谁扎谁。所以作为父母，首先要控制好自己的情绪，平静地询问孩子"顶嘴"的原因，再一起协商讨论，是不是可以有更好的解决办法。

孩子顶嘴不可怕，可怕的是父母不重视，或者一个劲地"堵嘴"，这样不仅改变不了孩子顶嘴的习惯，还会让孩子变得更加叛逆，更加不服从管教。所以，父母应对孩子的顶嘴问题时，不妨参考下面的方法。

试试"棉花法则"

当孩子顶嘴时，父母可以不直接回应孩子的顶嘴，而是采用"棉花法则"，明确地告知孩子，他的想法不正确，然后给孩子一点儿缓冲时间，等他冷静下来再来讨论。当父母这样处理的时候，孩子的顶嘴就像顶到"棉花"上，想回弹也回弹不了。

试试"中场休息"法

当孩子情绪不稳定，忍不住顶嘴时，父母不妨及时"喊停"，然后通过提起孩子感兴趣的事情，让孩子的注意力得到转移，从而很好地解决孩子的顶嘴行为。比如，快到午饭时间了，就问问孩子中午想吃点儿什么好吃的；如果准备出去玩，就问问孩子想去哪里玩等。

扫描二维码

每天三分钟，
家庭教育好轻松！

第六章

当孩子犯了错，
先处理心情再沟通问题

孩子犯错，父母的语言暴力带来的伤害有多大

　　孩子犯错，很多父母习惯性的反应就是大吼大叫，把孩子狠狠训斥一顿。从心理学上讲，父母的这种语言暴力，不仅会使孩子变得胆小、自卑，不敢表达自己的主张，而且还会使孩子表面上因为畏惧而顺从，实际上非常逆反。

场景回放：

　　妈妈正在打理院子，小杰非要缠着妈妈，让妈妈教他使用园艺剪。结果妈妈刚教到一半，临时有事回屋了。

　　独自在院子里的小杰，就想着把刚才妈妈教给他的修剪技术拿出来实践一下。于是，美丽的花圃，转眼间一片狼藉……

　　妈妈重新回到院子，看到眼前的情景，顿时怒不可遏，便怒吼着向小杰跑去，小杰吓得大哭。

> 看看你都干了些什么？

案例解析：

有学者指出，孩子听到吼叫和责骂，大脑就会做出"战斗""逃跑"的反应，然后心跳加快、瞳孔放大、手心出汗、膀胱失禁……

不仅如此，"语言暴力"还是一种"心罚"，这种精神虐待的伤害远远大于体罚。父母的语言暴力让原本活泼的孩子变得寡言，让原本内向的孩子变得更加迟钝，甚至关闭与父母沟通的大门。

娇娇小的时候活泼开朗，人见人爱，但妈妈总是喜欢当众说她能吃，长得胖。娇娇很不高兴，对妈妈表示："你不要老是当着所有人的面说我胖行吗？我不要面子的吗？"不料妈妈却反驳道："我不能说你吗？而且我有说错吗？"从此以后，这句话就像魔咒一样，时刻提醒着娇娇她有多胖、多丑。

也许父母会觉得自己这么说，就是气急了口不择言，是恨铁不成钢，并非想要伤害孩子。但这种看似不经意的语言暴力，永远不会让孩子进步，即便孩子有所变化，也是压抑状态下的被动改变，是一种在努力进步的错觉、假象。

语言羞辱是正向沟通之大忌，它可能会把孩子的自信心、自尊心、自我效能感、成就动机等光明的力量，全部无情摧毁。

那么，当孩子犯了错，父母要如何做才能避免语言暴力呢？

用信任的话代替负面评价

父母对于孩子已犯的错误不过分追究，并坚定地表明对孩子下次行为的正向期望，让孩子感受到父母对他们的信赖与关爱。

用行为指导代替负面评价

　　孩子犯错，很可能也是因为无知导致的失误，这个时候，父母与其表达没有实质指导意义的负面评价，不如给孩子补充相关的常识，并教孩子如何更好地弥补自己的失误。

不强迫，引导孩子主动认错

　　孩子犯了错，父母不要强迫孩子认错，因为认错的意义在于，孩子发自内心地觉得自己做错了，真心实意地想要改正。所以，只有孩子真正明白错在哪里，主动认错，认错才有价值。

场景回放：

　　丁丁最近有点儿不开心，因为家里突然多了个小妹妹，小妹妹似乎要抢走自己所有的东西。

　　一天，妹妹又抢了丁丁玩具，丁丁忍无可忍想要抢过来，便推了一把妹妹，妈妈突然出现指责丁丁道："你干吗推妹妹？"丁丁生气地说道："她总抢我玩具！"

　　妈妈不高兴地说道："就算她抢你玩具，你也不能推她啊，何况你是哥哥，那么多玩具给妹妹玩会儿怎么了？去给妹妹道歉！"丁丁不服道："为什么是我道歉？"妈妈坚决道："因为你错了！快去道歉！"

> 因为你错了！
> 快去道歉！

> 为什么是我道歉？

案例解析：

　　孩子犯了错，大多数父母都会让孩子在第一时间道歉认错，比如两个小朋友起了点儿冲突，互相推了两下，父母就会要求自家孩子先道歉。如果孩子因为害怕受到惩罚而撒谎或否认自己犯的错，父母也会逼迫孩子必须承认错误，如果孩子拒不认错，父母就会更生气。

这是其他小朋友的滑板车，你这样没有征得他同意就拿走了，他会伤心的。如果有小朋友不经过你同意就抢走你的球，你也会很不高兴的对吧？

　　为什么父母会逼迫孩子认错呢？一方面是想要树立父母的威信，让孩子无条件服从父母，另一方面也是为了父母自己的面子，不想让别人觉得自己不会管教孩子。

　　然而，这样的威逼只会让孩子迫于压力敷衍认错，并不能让孩子真正认识到自己错在哪里。孩子即使迫于父母的压力嘴巴上承认了错误，内心也会不服气。逼孩子认错不仅不能让孩子改正错误，还会进一步强化孩子的不良行为，让孩子学会撒谎，甚至变得更加叛逆。

　　当孩子犯错时，父母通常可以在一瞬间想到很多问题，并很快形成完整的逻辑链，包括需要花费多少时间和精力去补救善后，但是孩子往往做不到这一点。父母可以把前后的因果关系详细讲给孩子听，让他们明确认识到自己的错误会给别人和自己带来怎样的麻烦，从而主动认错，并尝试补救，避免下次再犯。

　　那么，如何才能引导孩子正确地认识错误，并主动认错呢？

提醒错误

当孩子犯错时，父母可以提醒孩子为什么错了、错在哪里，或者启发孩子想一想犯错的后果。父母只有让孩子真正认识到自己的行为是错误的，孩子才有可能会反省，并注意避免以后犯同样的错误。

给足安全感

孩子拒绝认错，有可能是因为害怕受到惩罚。父母在日常生活中，就要给足孩子安全感，让他知道不论他犯了什么过错，父母都愿意倾听他、理解他，并帮助他一起解决问题。当孩子能够感受到父母无条件的爱，往往就不会选择逃避责任了。

屡次提醒，孩子就是不能改正错误，怎么办

生活中，很多父母都经历过孩子屡教不改的情况，孩子犯了错后，父母批评教育，孩子依然我行我素。这种情况确实很令人生气，但其实，这也是父母沟通引导不到位造成的。

场景回放：

六岁的文文每次从外面回家，都是脱掉鞋子就往客厅跑，从来不穿拖鞋。妈妈提醒过好几次，文文总是记不住。妈妈虽然很生气却也很无奈，只好自己把拖鞋拿到客厅让文文穿上……

跟你说了多少遍了，穿了拖鞋再进屋，怎么就是记不住？

案例解析：

生活中，孩子在同一件事上，一而再，再而三地犯错，其实是一种很常见的现象。当孩子一再犯错，父母往往也忍耐到了极限，便特别容易出现唠叨、大吼大叫、责罚等情绪失控的行为。这些行为短时间内确实有立竿见影的效果，但是转个身，孩子就会忘得一干二净，下次还会再犯。

很多时候，孩子犯错往往只是表象，特别是当孩子重复犯错、屡教不改的时候，父母有必要去关注一下孩子犯错背后未说出口的话。比如，如果父母对孩子的关注太少，那么孩子就很有可能想通过"犯错"来吸引父母的注意。如果孩子近期的外部环境发生了改变，或者遇到了某些困难，那么孩子也有可能会频繁出错。

妈妈跟你说过好几次，不要在屋里玩滑板车，你没有听，现在你把爸爸的花瓶打碎了，你还撒谎不承认，这点让爸爸妈妈很难过……

对不起，妈妈，我错了。

当孩子重复犯某种错误，很可能是因为他不知道怎么正确处理，所以父母应该避免使用情绪化的语言模糊错误，而是应该用比较缓和的语气，帮孩子回顾、分析整件事情，让孩子真正认识到自身的错误。

当父母能够做到心平气和地认真倾听孩子想法，尊重孩子，并将孩子所犯的错误用孩子听得懂的话去解读，那么，孩子屡教不改的问题便有可能得到解决。作为父母，具体要如何做呢？

讨论双方的感受和需求

对于孩子屡教不改的问题，父母应该首先跟孩子谈谈双方的感受和需求，让双方明确问题的难度和关键点，然后再来一起讨论解决问题的办法。父母可以用笔把所有讨论出来的想法记录下来，然后再与孩子一起筛选切实可行的方案。

扬汤止沸不如釜底抽薪

　　事不过三，当父母屡次提醒，孩子依然我行我素，父母就没必要再提醒了。这种情况下，父母不如态度坚决，从根本上解决问题。父母不需要说任何狠话，只需要保持温和的态度，悄悄让孩子接受一个现实，那就是犯了错，就要承担相应的代价。父母的态度要坚决，直到孩子真心意识到自己错了，并用行动表示认错为止。

如果忍不住对孩子发火了，该怎么办

　　有学者曾指出，父母的情绪里，藏着孩子的未来。父母如果总是忍不住对孩子发火，事后又没有恰当处理，长此以往，亲子间就变得无法顺畅交流。慢慢地，那些"小问题"就会彻底烙印在孩子的性格中，影响其一生。

场景回放：

　　妈妈独自照顾两个孩子，送完大宝上学又要哄小宝睡觉，孩子的哭闹让妈妈情绪崩溃，妈妈忍不住发了火。过后，妈妈又特别后悔，不禁大哭起来……

都是妈妈不好……

案例解析：

大多数父母都知道发脾气对孩子的伤害，但是在实际生活中，即使父母脾气再好也难免会有发脾气的时候。比如，晚上加班到深夜，回家后看到孩子的作业还没写完；早上着急去上班，孩子却磨磨蹭蹭耽误时间；周末耐着性子帮孩子辅导作业，孩子却一错再错……

宝贝，我今天太累了，所以刚才看到你弄乱房间很生气，但我不该发那么大的脾气，对不起。

没关系，爸爸。

可是每次对孩子发完火，看到孩子可怜巴巴的样子，父母往往又会非常自责，一边痛恨自己没有控制住情绪，一边又害怕会给孩子带来什么心理伤害。但是，自责愧疚并不能解决问题。

其实，对孩子发脾气本身并不可怕，再完美的父母，都不能保证从不对孩子发火，关键是我们要从中吸取教训，有所成长。

当父母忍不住对孩子发火后，一句"对不起"十分必要。让孩子感受你真诚的歉意，是修复亲子关系最重要的一步。父母不需要用其他方式弥补错误，只需要坦诚地告诉孩子你发火的原因。

道完歉以后，父母还可以继续跟孩子一起回顾刚才的发火事件，说出你对孩子的期望，并和孩子一起想办法解决亲子之间的冲突。父母忍不住发火后的恰当处理，也可以变成一场生动的情绪教育。父母可以跟孩子勾勾手指，约定彼此生气时也不能随便发脾气伤害自己和他人，而是要用适当的方式表达自己的心情和想法。

坦诚地告诉孩子自己心情不好

当父母心情不好或者因为其他原因忍不住对孩子发火后，与其大吼大叫让孩子离开，不如选择坦诚地告诉孩子，爸爸妈妈也有自己的烦恼，爸爸妈妈也有情绪失控的时候，但是爸爸妈妈会想办法尽快解决，从而获得孩子的理解和原谅。

坚定地告诉孩子"我爱你"

父母发脾气，给孩子带来的最大伤害，就是让他们觉得自己不被爱了。父母忍不住对孩子发火后，千万不要让孩子为我们的情绪买单，而是要让他们感受到父母无条件的爱。父母要让孩子知道，他们的行为可能是我们发脾气的导火索，但归根结底还是我们没有控制好自己的情绪，爸爸妈妈还是爱他们的。

永远不发表"事后诸葛亮"式的意见

当孩子做错事的时候，很多父母总是喜欢做"事后诸葛亮"，给孩子讲一番大道理外加明里暗里的责备，那些大道理听上去似乎很透彻，也很深刻，但孩子下次依然会再犯同样的错误。

场景回放：

早晨，佳佳慌乱地收拾书包，找寻课本和作业，眼看马上就要迟到了，妈妈还不忘指责佳佳："你看看，早就知道你会这样……"佳佳心里很不是滋味。

你看看，早就知道你会这样.

案例解析：

有些父母总喜欢把"早就告诉你了……""早知道你这样会出问题""我说不让……你非得……现在好了吧"一类的话语挂在嘴边，这种认为自己早就知道某事会发生的表达方式，被称为"事后诸葛亮"。事情已经发生了，父母这时候说出自己的"先见之明"，不过是在推卸责任，对出现的问题早已于事无补。

> 宝贝，妈妈可能之前没跟你明确说过，吃饭点菜的时候，要照顾到大家的喜好，不能你一个人点全部的菜哦！

> 这样做不对是吗？我以后不这样了。

孩子做错事后，父母发表的"事后诸葛亮"式的意见，在孩子看来更像是在嘲讽，不仅毫无用处，还是一种非常大的心理打击。久而久之，孩子就会对父母这种"事后诸葛亮"的行为感到厌烦，甚至产生逆反心理。此外，孩子再犯错误时会更倾向于为自己的失误寻找借口，以避免父母"事后诸葛亮"式的责备。

当孩子做错事的时候，父母可以与孩子平静地谈论对错，让孩子自然地改正错误。父母应及时教会孩子怎样做才是正确的，而不是单纯地责备和推卸责任。

孩子犯了错，父母不应该对孩子的错误冷嘲热讽，更不应该用"后见之明"的看法去指责孩子。父母应该帮助孩子认识到错误所在，让孩子承担犯错的后果，并引导孩子在错误中思考问题，避免下次再犯。

耐心给孩子做示范

对于已经提醒过几次，孩子仍然做错的事，父母要付出更大的耐心和精力，体谅孩子的心情和感受，必要时父母还要亲自示范，并在安全可控的范围内鼓励孩子大胆尝试。

做好事前提醒

父母预判到孩子可能会出现问题时，要以一种善意的口吻事前提醒孩子要注意的事，帮助孩子规避失误。需要注意的是，提醒的话，父母要长话短说，言语简洁，才能更好地起到警示的作用。

每天三分钟

家庭教育好轻松

扫码获取
家庭教育指南

家教有声百宝箱

聆听真实案例分析，破解家教谜团。

亲子沟通小技巧

从根源出发，让沟通更顺畅。

家教方法跟我学

掌握科学有效的家庭教育方法。

家教名师大讲堂

家教名师面对面，在线课堂开课啦！